À Marie, ma grand-mère, qui veille sur moi.
À Olivier, Hugo, Lila et Leone.

LE PSORIASIS

naturopathie & émotions

DÉMARCHE ÉCOLOGIQUE

Cet ouvrage est imprimé avec des encres végétales sur des papiers certifiés FSC et PEFC issus de forêts gérées durablement et de sources contrôlées.

Le papier de couverture est également titulaire de la certification Cradle to Cradle Bronze.

Son imprimeur est certifié Imprim'Vert et titulaire de la norme ISO 14001 récompensant son système de management environnemental.

Le livre est imprimé dans le Calvados, en France, à moins de 250 km des bureaux de l'éditeur.

PEFC 10-31-1510 / Certifié PEFC

AVERTISSEMENT

L'objet de ce livre est de proposer un accompagnement alternatif naturel pour soulager le psoriasis. Cet ouvrage ne revêt aucune vocation médicale mais souhaite au contraire transmettre des connaissances dans le seul objectif de cultiver un art de vivre.
Les informations qu'il contient ne peuvent en aucun cas remplacer ni un avis médical/diagnostic, ni se substituer à un traitement médical. L'auteur de ce livre et les Éditions IH se dégagent de toutes responsabilités envers l'usage que font les lecteurs de cet ouvrage.

Direction artistique :
Stéphane Ellias (www.sellias.fr)

Comité scientifique :
Annelise Dunas (médecine),
Mélody Molins (naturopathie + méthode Hildegarde de Bingen).

ISBN : 978-2-493717-27-6

Dépôt légal : novembre 2022

Achevé d'imprimer
en octobre 2022 sur les presses
de l'imprimerie Corlet, France.

Éditions IH

10 C, rue Joseph-Le-Brix
56890 Saint-Avé, France

www.editionsih.com

Claire Cavelier
naturopathe

LE PSORIASIS

naturopathie & émotions

lb
EDITIONS

Le psoriasique
est un funambule
dont l’équilibre cutané,
physique, psychique
et émotionnel ne tient
qu’à un fil.

PRÉSENTATION DE L'AUTEUR

Claire Cavelier est naturopathe.

Claire Cavelier est naturopathe certifiée Féna et major de promotion de l'Institut Hildegardien de Vannes (Morbihan). Elle est également phyto-aromatologue et réflexologue plantaire. Elle exerce en cabinet libéral dans le centre-ville de Rennes (Ille-et-Vilaine) et s'est spécialisée dans les problématiques de peau, notamment l'accompagnement du psoriasis.

Après une carrière de 20 ans comme directrice conseil en stratégie de communication et coach de marque, elle déclenche en 2016, à la suite d'un choc émotionnel, un psoriasis sévère qui couvre 90 % de son corps. Après un suivi étroit en dermatologie et un protocole lourd de PUVA-thérapie qui s'avère être un échec, elle arrête tout traitement allopathique et se tourne vers la naturopathie. Elle se fait accompagner et lit beaucoup d'ouvrages sur le sujet. Six mois plus tard, ses plaques de psoriasis blanchissent et elle retrouve la santé.

Après cette expérience, elle décide de se former à la naturopathie. Aujourd'hui, elle accompagne toute personne qui, comme elle, souffre de psoriasis et qui, par le biais de la naturopathie, souhaite retrouver sa vitalité.

Pour accompagner
le psoriasis, ce qui compte
ce n'est pas la destination,
c'est le chemin.

PRÉAMBULE

J'ai écrit ce livre pour toute personne qui, souffrant de psoriasis, comme ça a été mon cas, vit dans la détresse ce que l'on peut appeler une « peau-prison ». La médecine conventionnelle peine à accompagner le psoriasis tant il est complexe et multifactoriel. Mais je suis convaincue – car je l'ai expérimentée – que malgré les difficultés, une autre voie est possible.

La voie que je vous propose se veut holistique et naturelle – deux conditions primordiales pour aborder le psoriasis et pouvoir s'en libérer. Accompagner l'individu dans une dimension holistique, c'est le considérer de manière globale : corps physique, corps psychique et corps émotionnel, en accordant de l'espace aux mots et aux maux.

PRINCIPE D'HOMÉOSTASIE

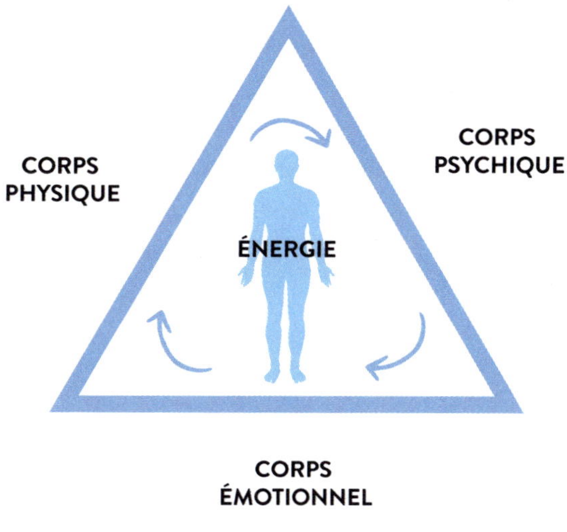

Proposer un soutien naturel, c'est se replacer au cœur des lois naturelles de la vie et aborder, à travers des connaissances naturopathiques et ancestrales, les causes profondes de cette problématique.

C'est aussi ouvrir les perspectives d'une vie meilleure en permettant au psoriasique de se recentrer, de développer sa force intérieure et de croire en sa capacité de régénération. Il s'agit de guider et développer la connaissance et la conscience du grand moi pour rétablir l'expression de l'énergie vitale et l'homéostasie inhérentes à chacun d'entre nous.

L'HOMÉOSTASIE

L'homéostasie est la propriété des êtres vivants à maintenir leur milieu interne stable, c'est-à-dire à maintenir les différentes constantes physiologiques du corps (température corporelle, tension artérielle, débit sanguin...) à des degrés proches de la normale.

Contrairement aux traitements allopathiques, qui ont pour objectif d'apaiser rapidement les manifestations du psoriasis – et qui peuvent s'avérer parfois nécessaires –, la voie que je vous propose est longue, lente, profonde et parfois difficile mais elle en vaut la peine. Elle est en elle-même une véritable aventure personnelle et intime, qui implique un engagement total et dont le résultat va au-delà de la rémission. Elle est une aventure qui permet de découvrir qui nous sommes vraiment.

> Plongeons ensemble au cœur de cet extraordinaire chemin de vie qu'est le psoriasis.

I.

C'EST QUOI LE PSORIASIS ?

INTRODUCTION

CHIFFRES CLÉS

Dans le monde

Au moins 60 millions

de personnes sont atteintes de psoriasis dans le monde. Mais étant donné que seuls 19 % des pays disposent de données épidémiologiques, nous avons toutes les raisons de penser que le chiffre actuel est largement sous-estimé.

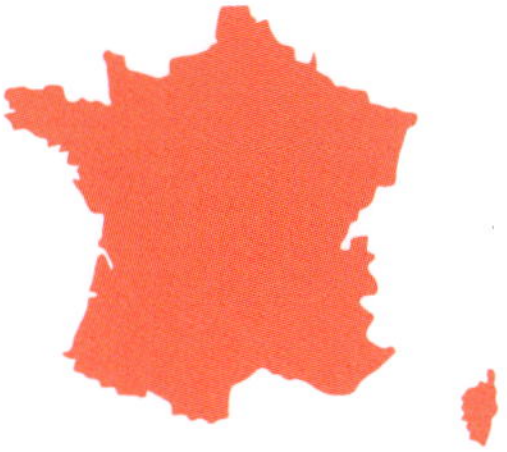

En France

Entre 1,5 et 3 millions

de personnes souffrent de psoriasis, ce qui représente entre 2 % et 4 % de la population française.

Apparition de la maladie

L'âge moyen d'apparition de la maladie se situe

entre 20 ans et 30 ans

mais 30 % des personnes développent un psoriasis avant l'âge de 20 ans. Entre 50 et 60 ans, les hommes sont autant touchés que les femmes.

Forme du psoriasis

80 % sont des formes légères à modérées, **20 %** sont des formes modérées à sévères.

Le psoriasis en plaques est la forme la plus fréquente et concerne plus de **80 %** des adultes atteints de psoriasis.

15 % à 20 % des personnes atteintes de psoriasis cutané développent un rhumatisme psoriasique associé.

LE RHUMATISME PSORIASIQUE

Le rhumatisme psoriasique, ou arthrite psoriasique, est un rhumatisme inflammatoire chronique qui fait partie des spondylarthrites et qui se caractérise par des douleurs, des gonflements et des raideurs articulaires. Évoluant par poussées, parfois séparées de longues périodes d'accalmie, le rhumatisme psoriasique peut également passer parfois inaperçu. De plus, 20 % des personnes atteintes de rhumatisme psoriasique ne présentent pas d'atteinte de la peau.

Source : Vidal.

Sources des informations citées p. 18-20 : voir « Sources partie 1 », p. 309.

Stress et qualité de vie

70 % des personnes atteintes de psoriasis considèrent leur maladie comme gênante dans leur vie personnelle et professionnelle.

30 % déclarent s'être déjà sentis découragés face à la maladie et ce, de manière répétée.

10 % des personnes atteintes de psoriasis déclarent que la maladie est également source de difficultés au sein de leur vie de couple et plus particulièrement concernant leur vie sexuelle.

Une enquête mondiale portant sur le bonheur révèle que **54 %** des personnes atteintes de psoriasis éprouvent un niveau de stress et d'anxiété supérieur à la moyenne générale.

La qualité du sommeil est également affectée pour un malade sur trois, puisqu'ils sont près de **34 %** à déclarer avoir des difficultés d'endormissement.

50 % des personnes vivant avec le psoriasis signalent une altération modérée à très importante de leur qualité de vie.

Environ **80 %** des personnes atteintes de psoriasis déclarent que le stress est un déclencheur de leur maladie de peau.

84 % des personnes atteintes de psoriasis sont victimes de discriminations ou d'humiliations.

Les personnes atteintes de psoriasis sont **2** fois plus susceptibles de développer des pensées suicidaires.

45 % des personnes atteintes de psoriasis ont entendu la question : « Êtes-vous contagieux ? »

38 % des personnes atteintes de psoriasis ont reçu un diagnostic d'une maladie mentale ou psychique.

Connaissance globale de la maladie

Un tiers des Français
connaît le terme « psoriasis » sans savoir de quoi il s'agit.

Parmi les personnes connaissant la maladie, **80 %** reconnaissent le psoriasis comme un trouble inflammatoire de la peau.

20 % des Français ne connaissent pas la définition du psoriasis et l'associent à un problème psychologique ou à un manque d'hygiène.

Plus de 90 % des Français ont conscience des discriminations que les personnes atteintes de psoriasis subissent au quotidien.

40 % des Français
préfèrent garder leurs distances avec les psoriasiques et évitent un contact physique lors d'une première rencontre avec une personne atteinte.

RETENTISSEMENT DU PSORIASIS SUR LA VIE QUOTIDIENNE

Une récente enquête européenne décrit l'impact du psoriasis sur le quotidien des personnes qui en souffrent, sur leurs activités de loisirs, sur leur vie sentimentale et sexuelle, ainsi que sur leur vie professionnelle.

Le psoriasis affecte tous ces domaines de leur vie et les personnes interrogées souffrent essentiellement du regard des autres, ce qui peut aboutir à un sentiment de rejet et à une attitude de retrait vis-à-vis de la société. Les femmes et les personnes jeunes semblent plus touchées par le retentissement du psoriasis sur leur qualité de vie.

Traitement du psoriasis en dermatologie

D'après une récente enquête médicale, la majorité des patients atteints d'un psoriasis recouvrant au moins 4 % de leur surface corporelle ne suit aucun traitement. C'est aussi le cas pour 60 % des personnes atteintes de rhumatismes psoriasiques.

85 % des patients déplorent un traitement médical insuffisant.

En plus de résultats jugés inefficaces, 50 % des patients trouvent la prise du traitement pénible.

L'enquête souligne par ailleurs un décalage avéré entre l'évaluation des symptômes par les médecins et une gravité bien plus lourde ressentie par les patients.

La taille des lésions du psoriasis ou le nombre d'articulations affectées font partie des symptômes objectifs repérés par les médecins, alors que les démangeaisons, décrites par plus de 40 % des patients comme le symptôme le plus pénible, mais aussi la détresse psychologique induite par l'affection, sont, semble-t-il, sous-évaluées lors de la consultation.

SYMPTÔME OBJECTIF

Symptôme qui peut être constaté, qui est caractérisé par des signes cliniques perceptibles à l'examen.

RETENTISSEMENT DU PSORIASIS SUR LA VIE QUOTIDIENNE

La vie sexuelle est rendue difficile dans le cas de lésions des muqueuses, occasionnant des douleurs et une baisse de libido. 30 % des patients interrogés confient qu'ils ont renoncé à commencer ou poursuivre une relation en raison de leur psoriasis. Pour 37 % des patients sondés, le psoriasis a un impact sur leur comportement au travail, où il peut entraîner une discrimination aussi bien à l'embauche que dans leur évolution professionnelle.

Source : Vidal.

DÉFINITION

Selon le *Vidal*, le psoriasis est une « maladie inflammatoire chronique de la peau » qui touche l'homme, la femme, l'enfant et le nourrisson. Dans certains cas, le psoriasis est plus grave en raison d'une association à des douleurs articulaires : c'est le rhumatisme psoriasique. Elle peut évoluer sans limite et semble persister le plus souvent toute la vie.

La médecine distingue différentes formes de psoriasis selon la gravité, les zones touchées et l'état général du patient. Elle distingue aussi cinq formes de rhumatisme psoriasique (*voir p. 35 et suivantes*).

Laissant apparaître des squames, des croûtes ou des lésions accompagnées de démangeaisons plus ou moins intenses qui peuvent devenir purulentes ou se surinfecter, le psoriasis est ce que l'on peut appeler une affection de « peau-prison ».

En effet, en général bénin, le psoriasis est susceptible d'altérer parfois très sérieusement la qualité de vie des personnes qui en souffrent, devenant dans certains cas une affection handicapante, voire invalidante. La dimension psychologique très forte de l'affection peut en faire un véritable drame personnel – et souvent social –, qui pousse à l'isolement et altère la relation aux autres.

> Malgré les traitements allopathiques existants, le caractère psycho-émotionnel et multifactoriel fait du psoriasis une problématique complexe à aborder.

> **Depuis le 24 mai 2014, lors de la 67e Assemblée mondiale de la santé, après examen du rapport sur le psoriasis, l'Organisation mondiale de la santé (OMS) a reconnu le psoriasis comme « maladie non transmissible chronique, douloureuse, inesthétique, invalidante et incurable ».**

En effet, à l'heure actuelle, la médecine conventionnelle ne sait pas complètement guérir cette maladie – mais certains traitements permettent d'en réduire les symptômes et d'améliorer la qualité de vie des personnes touchées. La recherche tente d'en décrire les mécanismes pour parvenir, à terme, à bloquer sa progression.

Cependant, certaines approches complémentaires et naturelles peuvent, seules ou en parallèle d'un traitement médical, s'avérer intéressantes pour accompagner l'évolution, voire la rémission du psoriasis.

Le psoriasis est une plaie qui cache souvent d'autres plaies.

LE PSORIASIS DANS L'HISTOIRE

Même s'il a parfois été confondu, mal nommé, décrit, identifié ou diagnostiqué, le psoriasis existe depuis la nuit des temps et l'homme, aussi loin que l'on peut remonter dans l'histoire, en souffre depuis toujours.

Son histoire complexe et son diagnostic, qui n'a pas toujours été simple, ont fait dire au dermatologue états-unien Paul Bechet, en 1936, que le psoriasis constituait le meilleur antidote à l'ego des dermatologues et le point de vulnérabilité dans leur armure d'expert.

Le psoriasis tient son étymologie du grec ψωρίασις (*psora*), qui signifie à la fois **gratter**, **démangeaisons** mais aussi **s'en aller en poussière**, allusion faite à la desquamation des plaques de psoriasis en fines particules.

À l'époque de la Grèce antique, Hippocrate – premier médecin à s'intéresser au psoriasis – et les savants grecs – pionniers dans le domaine de la dermatologie – classent les problématiques de peau en deux catégories : les démangeaisons (*psora*) et les affections de l'épiderme (*lepra*). Les traitements rudimentaires proposés sont alors le brai de houille (sorte de goudron), l'arsenic* en application directe sur la peau et la lumière du soleil.

* Déconseillé aujourd'hui, car toxique.

L'Ancien Testament évoque également les caractéristiques du psoriasis dans ses écritures, où l'on utilise le terme *tsaraat,* qui désigne la plupart des problèmes de peau, dont la lèpre et le psoriasis.

Dans la Bible, la lèpre est omniprésente et sa description laisse à penser qu'il s'agit en fait de psoriasis :

> « La lèpre de Naaman s'attachera à toi
> et à ta postérité pour toujours.
> Et Guéhazi sortit de la présence d'Élisée
> avec une lèpre comme la neige. »

Le papyrus *Ebers*, célèbre traité médical égyptien datant de 1500 ans avant notre ère, consacre un chapitre aux affections cutanées et à toutes celles se traduisant par des squames. On soulage alors ce type de problématique à l'aide d'expositions solaires et de décoctions de plantes telle *Ammi majus* (une plante renfermant des molécules photosensibilisantes appelées psoralènes).

La première description clinique du psoriasis est attribuée à **Aurelius Cornelius Celsus** (25 av. J.-C.-c. 50 apr. J.-C.). Dans son ouvrage *De Arte medica*, il ne formule pas le nom de psoriasis mais celui d'impétigo, en précisant que cette dermatose présente des formes variables. Y sont signalées l'existence de plaques rouges et la notion d'érosion de la peau.

Le terme psoriasis est introduit dans le dictionnaire médical en 159 apr. J.-C. par **Galien**, un médecin grec qui décrit une éruption s'accompagnant d'un phénomène de desquamation, siégeant en particulier au niveau des paupières et au coin externe des yeux, ainsi qu'au niveau du scrotum.

Au début des années 1800, **Jean-Louis Alibert** répertorie les problématiques de peau selon la cause, l'apparence, la durée, ainsi que la réaction aux traitements médicaux. Mais c'est un médecin anglais, **Robert Willan**, qui, le premier, discerne le psoriasis des autres dermatoses et nomme la maladie en 1805, puis en fait les premières descriptions précises dans son *On Cutaneous Diseases* (« Traité des maladies de la peau »), paru en 1808. Avant lui, les problèmes de peau comme la gale, la lèpre ou le psoriasis étaient réunis et confondus sous le terme général de « psore », l'« éruption galeuse », associé à la gale en France.

DERMATOSE

Une dermatose est un terme générique et scientifique pour définir une affection de la peau.

Dans les années 1840, le médecin et dermatologue autrichien **Ferdinand Ritter von Hebra** distingue formellement le psoriasis de la lèpre. Mais ce n'est qu'en 1868 qu'il adoptera le terme de « psoriasis », ce qui permettra de ne plus faire la confusion entre le psoriasis et la lèpre vulgaire.

À cette époque, les solutions proposées sont encore le goudron, l'arsenic et la lumière solaire.

Ferdinand von Herbra (1816-1880), médecin autrichien travaillant à l'hôpital général de Vienne, est connu comme l'une des grandes figures de la dermatologie du XIXe siècle. Il a fondé l'École de dermatologie de Vienne et, alors qu'il était encore jeune, il a écrit l'un des livres les plus influents de tous les temps sur les maladies de la peau : *Atlas der Hautkrankeiten* (« Atlas des maladies de la peau »). Von Hebra est considéré à juste titre comme le père de la dermatologie moderne, en ce sens qu'il a été le premier à appliquer les méthodes de recherche modernes à l'étude des affections cutanées. Dans l'histoire du psoriasis, il tient une place importante car c'est lui qui a définitivement supprimé le terme « lèpre » de la description du psoriasis, séparant finalement les deux maladies l'une de l'autre une fois pour toutes.

D'autres améliorations dans la description des diverses formes de psoriasis se sont poursuivies tout au long du XIXe siècle. De plus, certains auteurs ont décrit des signes qui pourraient être utiles au diagnostic de la maladie pour les médecins et dermatologues. **Heinrich Auspitz** (1835-1886), l'un des étudiants de Hebra, a noté que lorsque le tartre est gratté des plaques psoriasiques, de minuscules points de saignement se produisent - appelés le **signe d'Auspitz**. Ce n'est cependant pas spécifique au psoriasis et ce n'est plus considéré comme un outil diagnostique fiable.

Heinrich Köbner (1838-1904) a noté que certaines personnes atteintes de psoriasis développaient des lésions dans des zones où la peau avait été traumatisée. Cela peut provenir d'une coupure, d'une ecchymose ou d'une brûlure, mais des lésions peuvent également se développer sur des parties du corps où la peau est irritée (par une boucle de ceinture par exemple). Dans tous ces cas, les lésions psoriasiques se sont produites dans des zones en dehors de celles normalement affectées par le psoriasis – appelée réponse isomorphe. Bien que le phénomène de Köbner soit un aspect bien connu du psoriasis, il n'est pas complètement compris même aujourd'hui. Les traumatismes cutanés (griffures, vaccinations, chirurgie, coups de soleil) peuvent aggraver le psoriasis en faisant libérer des cytokines inflammatoires par les kératinocytes (phénomène de Koebner ou Köbner).

En 1898, un dermatologue australien appelé **William J. Munro** a décrit la formation de micro-abcès dans les couches épidermiques de la peau des patients psoriasiques. Des études ultérieures, aussi récemment qu'en 2011, montrent que la formation de micro-abcès est hautement spécifique pour le diagnostic du psoriasis vulgaire – la forme la plus courante de l'affection.

Le début du XXe siècle a inauguré des descriptions plus détaillées des différents types et sous-types de psoriasis. En 1910, **Leo von Zumbusch** décrit pour la première fois le **psoriasis pustuleux généralisé**. Il s'agit d'une affection grave, mais heureusement rare, caractérisée par des zones étendues de rougeurs ou de la peau, qui devient douloureuse et tendre. En quelques heures, de minuscules pustules apparaissent, dont beaucoup se consolident en de plus grosses cloques. Il s'accompagne de fatigue et de fièvre. Notez que le psoriasis pustuleux généralisé de Leo von Zumbusch n'est pas le même que la forme la plus courante de psoriasis pustuleux localisé, affectant la paume des mains et la plante des pieds, appelée **pustulose palmo-plantaire** (PPP).

En 1926, le **Dr D. L. Woronoff**, dermatologue à la clinique des maladies de la peau de l'université de Moscou, a décrit une zone de peau pâle (hypopigmentée) qui apparaissait autour des lésions de psoriasis cicatrisantes.

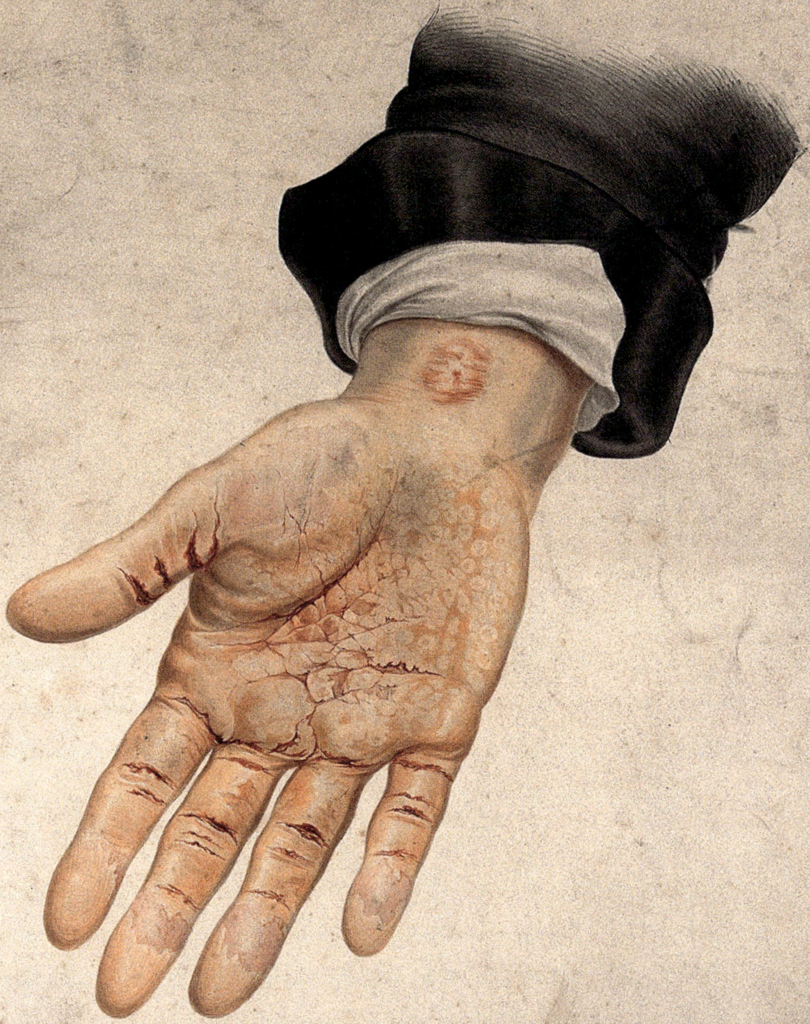

W. Bagg ad nat del et lith

Hullmandel & Walton Lithographers

PSORIASIS PALMARIS.

D

London: Published by J. Churchill, Princes St. Leicester Sq.re November 1st 1847.

Ce « halo » pâle est devenu connu sous le nom d'« **anneau de Woronoff** ». Jusqu'à récemment, la cause de ce phénomène était un mystère, mais il a maintenant été attribué aux effets de diverses molécules inflammatoires, réduisant la teneur en mélanine des cellules de la peau entourant la lésion psoriasique cicatrisante.

La reconnaissance du **signe d'Auspitz**, du **phénomène de Köbner**, des **abcès de Munro**, du **psoriasis pustuleux généralisé** et de l'**anneau de Woronoff** ont fourni des outils de diagnostic importants qui ont permis aux médecins d'être plus confiants dans le diagnostic du psoriasis.

> C'est au début des années 1960 que le psoriasis commence à être considéré comme une affection auto-immune à caractère inflammatoire. À la même époque, l'arthrite psoriasique est aussi répertoriée en tant qu'état clinique distinct. C'est Ernest Bazin, un dermatologue français qui invente le terme en 1860.

La recherche de traitements s'est poursuivie, avec l'arrivée de la photothérapie, du traitement par UV, puis des traitements pharmaceutiques qui apparaissent au milieu du XXe siècle.

Le XXIe siècle apporte une ouverture aux personnes souffrant de psoriasis avec la démocratisation des solutions naturelles et la prise en charge de la santé mentale. Aujourd'hui, la naturopathie, la phytologie, l'aromatologie, les techniques de respiration et de relaxation, ou encore l'hypnose sont autant d'alternatives qui trouvent leur place dans l'accompagnement holistique du psoriasis.

Les célèbres psoriasiques

Benjamin Franklin

Jon Lovitz

Cara Delevingne

Kim Kardashian

Kris Jenner

Britney Spears

Cindy Lauper

Art Garfunkel

John Updike

Le révolutionnaire **Jean-Paul Marat** prenait des bains de soufre pour apaiser ses démangeaisons. D'après les écrits retrouvés, il semblait souffrir de psoriasis en plaques, notamment sur le cuir chevelu, le visage, les épaules et le tronc.

ARTHRITE

Le mot arthrite est composé du préfixe « arthro » qui signifie « articulation » et du suffixe « ite » qui signifie « inflammation ». Il s'agit d'un terme général qui englobe toute forme d'inflammation des tissus, de stade aiguë ou chronique, et pouvant toucher une ou plusieurs articulations.

ANATOMIE-PHYSIOLOGIE

CARACTÉRISTIQUES DU PSORIASIS

Selon le descriptif officiel de l'OMS, le psoriasis est une « maladie non transmissible » qui se manifeste sous la forme d'une inflammation chronique de la peau. Elle se caractérise par l'apparition de lésions cutanées plus ou moins bien délimitées, de couleur rouge, recouvertes de squames blanchâtres, pouvant être épaisses à très épaisses et le plus souvent localisées au niveau des coudes, des genoux, du cuir chevelu, des mains et des pieds (paumes et plantes).

Le psoriasis peut également affecter de manière aléatoire toute autre région du corps comme les bras, le dos, les cuisses, les ongles, les organes génitaux... Les surfaces corporelles atteintes sont très variables d'un individu à l'autre et ne sont jamais définitives. Elles évoluent et peuvent changer d'endroit de façon imprévisible. Le plus souvent, les lésions sont multiples et symétriques, parfois diffuses. Toute la surface du corps peut être atteinte, même si cela reste rare. Cette forme particulièrement étendue de psoriasis, appelée psoriasis érythrodermique, peut être fatale du fait que l'inflammation extrême et la desquamation de la peau peuvent entraîner des perturbations des mécanismes de régulation de la température corporelle et une altération des fonctions défensives de la barrière cutanée.

Environ 10 % des personnes atteintes de psoriasis développent aussi une arthrite – qui peut toucher les articulations des mains (atteinte fréquente des articulations interphalangiennes distales, de l'ensemble d'un doigt), des poignets, des pieds, des chevilles, les cervicales et les lombaires. Dans certains cas, les articulations se déforment, ce qui entraîne une altération importante de la qualité de vie et une incapacité à se mouvoir normalement.

LES FORMES DU PSORIASIS

Les manifestations du psoriasis peuvent être très différentes d'une personne à l'autre, tout comme le stade, la gravité ou l'évolution.

D'après le *Vidal*, le psoriasis est une « maladie **chronique** » qui évolue le plus souvent par **crises** ou **poussées**, au cours desquelles l'affection peut s'aggraver ou s'améliorer. Ces poussées sont suivies par des périodes d'**accalmie**, voire de **rémission**, durant lesquelles la dermatose s'améliore, parfois même sans traitement !

Il existe un certain nombre de cas où le psoriasis évolue en continu avec des fluctuations dans son degré de sévérité mais sans jamais vraiment disparaître complètement.

> Quand le psoriasis se déclare chez un individu, il est souvent présent toute la vie.

Parmi les manifestations rapportées figurent :

- Les démangeaisons plus ou moins intenses et souvent nocturnes (un prurit est présent lors des poussées dans environ 60 % des cas) ;
- Les sensations d'irritation et de brûlures cutanées ;
- Les douleurs plus ou moins profondes (particulièrement aux paumes et aux plantes, où des fissures peuvent apparaître) ;
- Les crevasses issues des lésions ;
- Les saignements en cas de grattage.

APPARITION ET ÉVOLUTION AU COURS DE LA VIE

Le psoriasis peut débuter à tous les âges de la vie et concerne autant les femmes que les hommes.

On distingue cependant deux périodes d'apparition du psoriasis au cours de la vie :

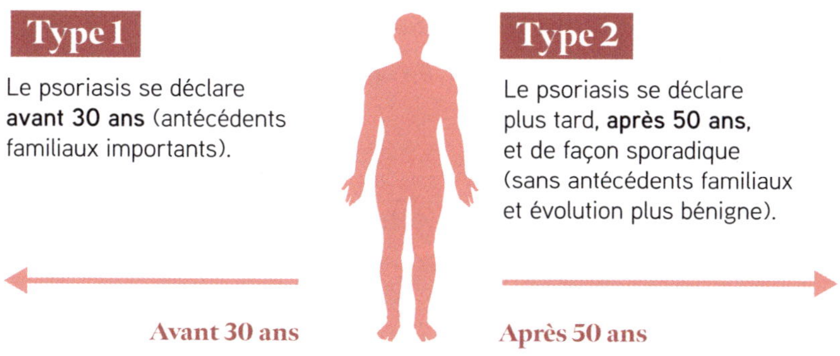

Le psoriasis a longtemps été catégorisé comme une affection génétique et héréditaire. Cependant, toutes les raisons portent à croire que sa dimension génétique n'est qu'un facteur aggravant de la potentialité du développement du psoriasis. Ainsi, nous pouvons affirmer que le psoriasis est en réalité une **maladie épigénétique** dont la composante génétique est associée à l'environnement, donc à la qualité de vie de la personne. En effet, pour se déclarer, le psoriasis a besoin de **facteurs déclenchants** que nous allons détailler un peu plus loin.

L'ÉPIGÉNÉTIQUE

Alors que la génétique correspond à l'étude des gènes, l'épigénétique est une science qui étudie l'influence de l'environnement lié à nos comportements (stress, alimentation, hygiène de vie, mouvement...) sur l'expression des gènes. En d'autres termes, l'épigénétique correspond à l'étude des changements dans l'activité des gènes, n'impliquant pas de modifications de la séquence d'ADN et pouvant être transmis lors des divisions cellulaires. Contrairement aux mutations qui affectent la séquence d'ADN, les modifications épigénétiques sont réversibles.

Source : INSERM.

Pendant la grossesse, le psoriasis a tendance à se stabiliser ou à se résorber du fait des modulations hormonales et immunologiques. Après l'accouchement, il y a souvent une récidive de l'affection. Le psoriasis n'empêche pas d'avoir des enfants, ni d'allaiter. En revanche, certains médicaments prescrits par les médecins ou dermatologues pour lutter contre le psoriasis ne doivent pas être utilisés pendant la grossesse ou l'allaitement maternel. Lorsque naît le désir d'enfant, il est essentiel de prendre rendez-vous avec son dermatologue pour faire le point sur les traitements en cours.

> Le psoriasis est une maladie épigénétique et non une maladie génétique.

LE MÉCANISME INFLAMMATOIRE DU PSORIASIS

La peau

La peau est l'organe le plus grand et étendu du corps humain. Elle pèse 4 kilos et s'étend sur environ 2 mètres carrés. Elle constitue le point de contact avec l'environnement, protège l'organisme des substances chimiques, des bactéries et des rayonnements, tout en le maintenant à une température stable et en lui évitant la perte de liquide organique et de substances chimiques essentielles.

La peau renferme des terminaisons nerveuses nécessaires au toucher. La peau est étanche, robuste et résistante, quoique flexible. Elle se compose de trois couches de cellules :

- L'épiderme ;
- Le derme ;
- L'hypoderme.

La couche extérieure, appelée **épiderme**, est constituée de cellules épithéliales. L'épiderme est soutenu par le **derme**, un réseau de fibres élastiques, de vaisseaux sanguins, de racines de poils, de follicules pileux, de terminaisons nerveuses, de glandes sudoripares et de ganglions lymphatiques.

GANGLIONS LYMPHATIQUES

Nous avons un réseau lymphatique avec de nombreux ganglions, considérés comme des points de collecte ou des barrages qui filtrent les germes et les cellules provenant du liquide lymphatique. Ils sont situés dans tout le corps notamment au niveau du cou, des aisselles et de l'aine.

Sous le derme, se situe une autre couche de cellules, appelée l'**hypoderme**, qui renferme du tissu conjonctif lâche et des cellules graisseuses. L'épiderme renferme de nombreuses couches de cellules très tassées. Les cellules situées près de la surface de la peau sont plates et contiennent une substance dure appelée kératine. L'épiderme ne contient pas de vaisseaux sanguins ni de vaisseau lymphatique – ceux-ci ne sont présents que dans le derme et les couches les plus profondes.

À certains endroits, le derme est épais (1 mm d'épaisseur sur la paume des mains et la plante des pieds) alors qu'à d'autres, il est mince (0,1 mm seulement sur les paupières).

Les cellules mortes se détachent de la surface de l'épiderme sous forme de très fines squames et sont remplacées par d'autres cellules qui migrent depuis les couches les plus profondes (basales) vers les couches superficielles sur une période de quatre semaines (28 jours).

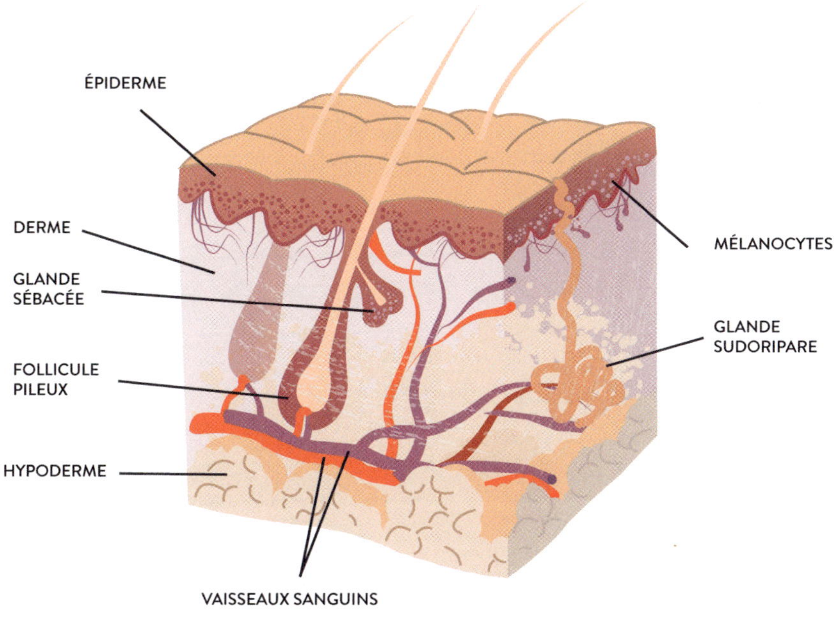

COUPE DE LA PEAU

Le mécanisme inflammatoire

Dans le cas du psoriasis, l'épiderme se renouvelle à un rythme beaucoup plus rapide que dans une peau saine : de sept à neuf fois plus vite, soit dans un délai de 3 à 5 jours au lieu de 28 jours.

Les cellules épidermiques, appelées kératinocytes, n'ont alors pas le temps de parvenir à maturité. Leur maturation incomplète est prouvée par la présence de leur noyau, support du matériel génétique de la cellule. Lorsque les cellules migrent des couches profondes du derme vers l'épiderme, habituellement sur une peau normale, le noyau disparaît.

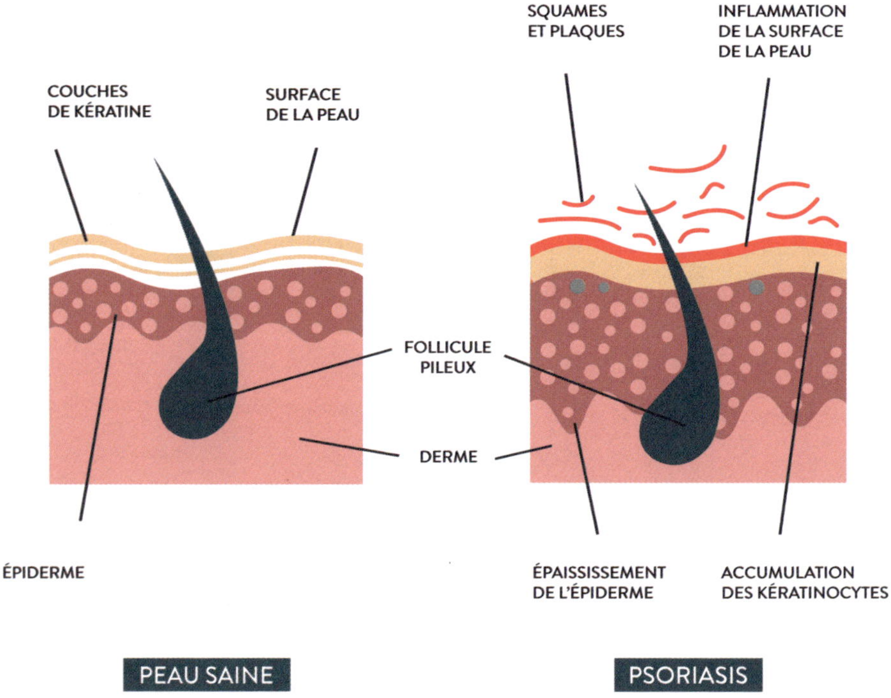

En plus de cette accumulation de kératinocytes immatures à la surface de la peau, il en résulte également un épaississement de la partie superficielle de l'épiderme (cornée) et une inflammation généralisée du derme. L'hyperkératose entraînée par le psoriasis provoque des squames visibles et flottantes, qui se détachent facilement et peuvent saigner si on les gratte. Les squames peuvent être blanches ou présenter une rougeur, ce qui signifie que les vaisseaux sanguins situés dans le derme sont dilatés et le flux sanguin augmenté.

> **La peau du psoriasis reste bloquée sur la pédale de l'accélérateur de la régénération cellulaire.**

Dans le psoriasis, l'inflammation est considérable. Mais on ne sait pas avec certitude si les altérations cutanées sont causées par un dysfonctionnement du système immunitaire (une hypersensibilité par exemple) ou si le système immunitaire est activé parce que la peau est altérée.

Un psoriasique peut présenter des squames si profondes et des démangeaisons si intenses que les enlever provoque des saignements, correspondant à la mise à nu des papilles dermiques. Ce phénomène est appelé **signe d'Auspitz** ou signe de la Rosée sanglante d'Auspitz, du nom d'Heinrich Auspitz, médecin et dermatologue autrichien du XIXe siècle qui l'a étudié.

CLASSIFICATION DU PSORIASIS EN DERMATOLOGIE

PSORIASIS LÉGER

Psoriasis ne dépassant pas plus de 3 % de la surface cutanée totale atteinte (SCTA) et n'ayant pas d'impact sur (n'altérant pas) la qualité de vie du patient. Ce type de psoriasis requiert en général un traitement local simple dont le risque d'effets secondaires est minime.

PSORIASIS MODÉRÉ

Psoriasis touchant entre 3 % et 10 % de la surface cutanée totale atteinte avec un certain impact sur la qualité de vie du patient. Ce type de psoriasis requiert en général un traitement local et général dont le risque d'effets secondaires est modéré.

PSORIASIS SÉVÈRE

Psoriasis touchant plus de 10 % de la surface cutanée totale atteinte et ayant un impact important sur la qualité de vie du patient. Ce type de psoriasis requiert un traitement général et local dont le risque d'effets secondaires peut être considéré comme important.

PSORIASIS GRAVE

Psoriasis érythrodermique, pustuleux généralisé, pustuleux localisé ou palmo-plantaire, kératodermie palmo-plantaire, rhumatisme psoriasique, et tout psoriasis devenant invalidant ou handicapant.

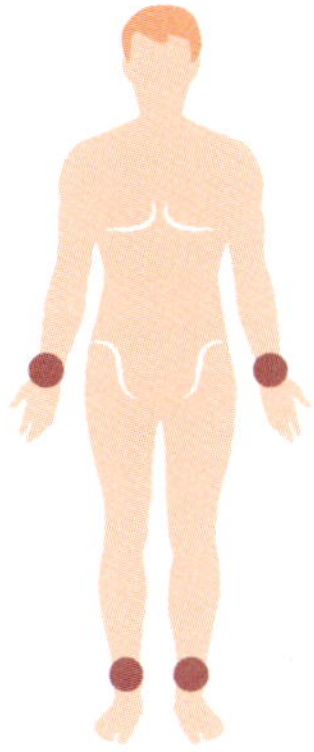

LÉGER

< 3 % du corps

Il se manifeste généralement par des plaques isolées sur les genoux, les coudes, le cuir chevelu, les mains et les pieds.

A généralement un très faible impact sur la qualité de vie.

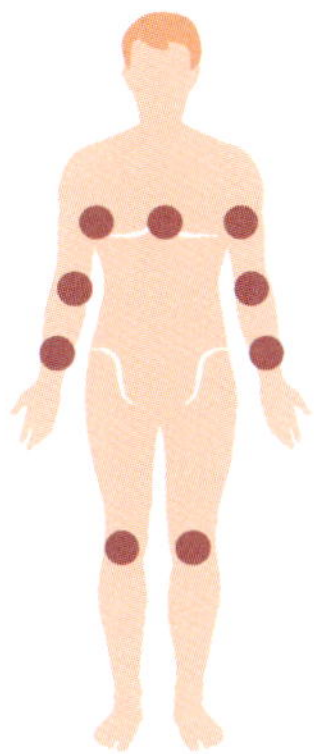

MODÉRÉ

3 % à 10 % du corps

Apparaît généralement sur les bras, le torse, le cuir chevelu et dans certaines autres régions. Entraîne souvent des inquiétudes quant aux réactions des gens vis-à-vis des lésions visibles.

A généralement une incidence sur la qualité de la vie.

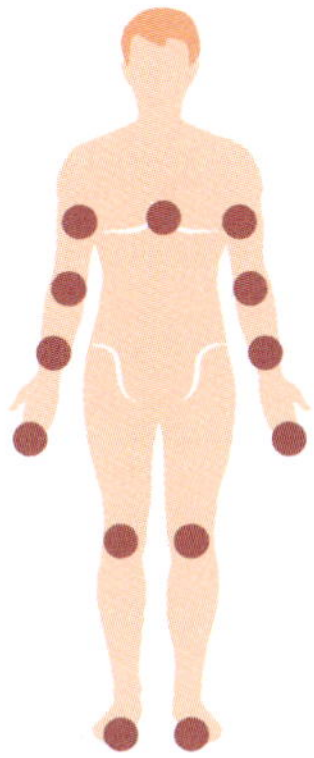

SÉVÈRE

> 10 % du corps

Peut toucher de grandes surfaces de la peau. Le psoriasis au niveau du visage et des paumes ou du dessous des pieds peut être considéré comme sévère.

A généralement un impact majeur sur la qualité de la vie.

ÉVALUATION DU DEGRÉ DE SÉVÉRITÉ

Il existe deux échelles permettant de graduer la sévérité d'un psoriasis : le score PASI et le score DLQI.

Le score PASI

Le score PASI (*Psoriasis Area and Severity Index*) est le plus utilisé pour mesurer le degré de gravité du psoriasis. Il tient compte de la surface corporelle atteinte (la surface d'une main représente 1 % de la surface totale du corps), de son degré de rougeur, de son épaississement et du niveau de desquamation.

Le score s'échelonne entre 0 et 72. Plus le nombre est élevé, plus le psoriasis est considéré comme sévère.

FORMULAIRE PASI

SCORE D'ATTEINTE	CARACTÉRISTIQUES DES PLAQUES	RÉGIONS CORPORELLES			
		TÊTE ET COU	MEMBRES SUPÉRIEURS	TRONC	MEMBRES INFÉRIEURS
0 aucun 1 léger 2 modéré 3 sévère 4 très sévère	Érythème				
	Induration				
	Desquamation				
	Sous-totaux	A1 =	A2 =	A3 =	A4 =

Multiplier chaque sous-total par le facteur associé à chaque région corporelle

		A1x0,1=B1	A2x0,2=B2	A3x0,3=B3	A4x0,4=B4
		B1 =	B2 =	B3 =	B4 =
SCORE D'ATTEINTE (%) pour chaque région corporelle score pour chaque région de 0 à 6	0 aucun 1 1 à 9 % 2 10 à 29 % 3 30 à 49 % 4 50 à 69 % 5 70 à 89 % 6 90 à 100 %				

Multiplier chaque sous-total B1, B2, B3 ou B4 par le score d'atteinte déterminé pour chaque région corporelle

	B1 x score = C1	B2 x score = C2	B3 x score = C3	B4 x score = C4
Le score PASI du patient est la somme de C1 + C2 + C3 + C4	C1 =	C2 =	C3 =	C4 =
	PASI =			

DLQI

AU COURS DES 7 DERNIERS JOURS :

1 Votre peau vous a-t-elle démangé(e), fait souffrir ou brûlé(e) ?

☐ Énormément ☐ Beaucoup ☐ Un peu ☐ Pas du tout

2 Vous êtes-vous senti(e) gêné(e) ou complexé(e) par votre problème de peau ?

☐ Énormément ☐ Beaucoup ☐ Un peu ☐ Pas du tout

3 Votre problème de peau vous a-t-il gêné(e) pour faire des courses, vous occuper de votre maison ou pour jardiner ?

☐ Énormément ☐ Beaucoup ☐ Un peu ☐ Pas du tout ☐ Non concerné(e)

4 Votre problème de peau vous a-t-il influencé(e) dans le choix des vêtements que vous portez ?

☐ Énormément ☐ Beaucoup ☐ Un peu ☐ Pas du tout ☐ Non concerné(e)

5 Votre problème de peau a-t-il affecté vos activités avec les autres ou vos loisirs ?

☐ Énormément ☐ Beaucoup ☐ Un peu ☐ Pas du tout ☐ Non concerné(e)

6 Avez-vous eu du mal à faire du sport à cause de votre problème de peau ?

☐ Énormément ☐ Beaucoup ☐ Un peu ☐ Pas du tout ☐ Non concerné(e)

7 Votre problème de peau vous a-t-il complètement empêché(e) de travailler ou d'étudier ?

Si la réponse est « Non » : au cours des 7 derniers jours, votre problème de peau vous a-t-il gêné(e) dans votre travail ou dans vos études ?

☐ Oui ☐ Non → ☐ Beaucoup ☐ Un peu ☐ Pas du tout ☐ Non concerné(e)

8 Votre problème de peau a-t-il rendu difficile vos relations avec votre conjoint(e), vos amis ou votre famille ?

☐ Énormément ☐ Beaucoup ☐ Un peu ☐ Pas du tout ☐ Non concerné(e)

9 Votre problème de peau a-t-il rendu votre vie sexuelle difficile ?

☐ Énormément ☐ Beaucoup ☐ Un peu ☐ Pas du tout ☐ Non concerné(e)

10 Le traitement que vous utilisez pour votre peau a-t-il été un problème, par exemple en prenant trop de votre temps ou en salissant votre maison ?

☐ Énormément ☐ Beaucoup ☐ Un peu ☐ Pas du tout ☐ Non concerné(e)

Score Énormément/Oui 3 Beaucoup 2 Un peu 1 Pas du tout 0 Non concerné(e) 0

Résultat ☐

Le score DLQI

Le score DLQI (*Dermatology Life Quality Index*) est une échelle d'évaluation de la qualité de vie du psoriasique.

Dix questions sont posées au patient en consultation de dermatologie à propos de l'impact de son psoriasis (par exemple, psoriasis au visage) au cours de la semaine précédente, sur sa profession, ses loisirs, son couple, sa vie sociale… Le résultat se situe entre 0 et 30 et plus le nombre est élevé, plus le psoriasis est considéré comme sévère.

De plus en plus de spécialistes considèrent qu'un psoriasis est reconnu comme sévère si la surface corporelle touchée ou le score PASI ou le score DLQI est au minimum de 10.

Ce résultat est également un des critères pour bénéficier du remboursement de certains traitements allopathiques.

LES DIFFÉRENTES FORMES CLINIQUES DE PSORIASIS

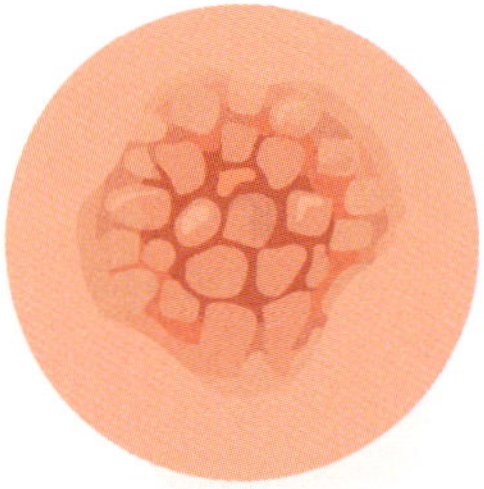

PSORIASIS EN PLAQUES

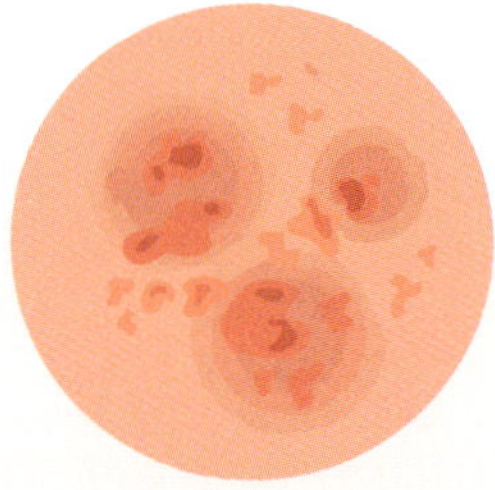

PSORIASIS EN GOUTTES

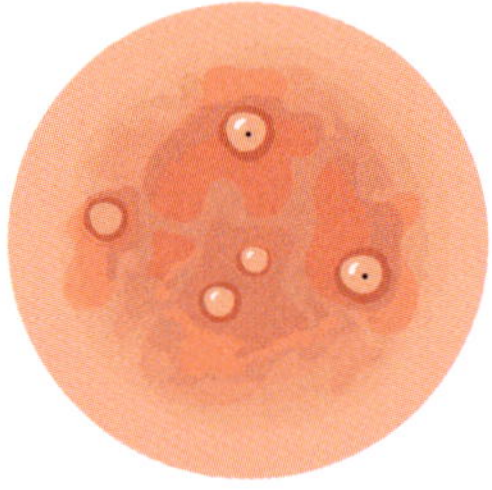

PSORIASIS PUSTULEUX

PSORIASIS INVERSÉ

PSORIASIS ÉRYTHRODERMIQUE

LES DIFFÉRENTS PSORIASIS

Il n'existe pas « un psoriasis » mais « des psoriasis » :

- Le psoriasis en plaques, ou « vulgaire » ;
- Le psoriasis en gouttes ;
- Le psoriasis pustuleux ;
- Le psoriasis érythrodermique ;
- Le psoriasis inversé ;
- Le psoriasis de l'enfant.

Psoriasis en plaques ou psoriasis vulgaire

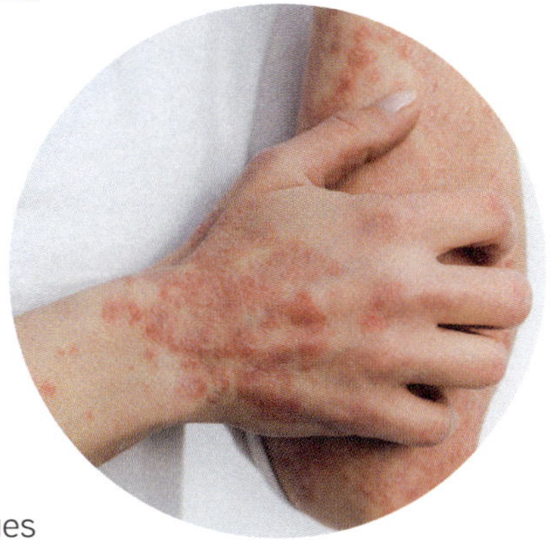

Le psoriasis en plaques est la forme la plus fréquente et classique de psoriasis avec plus de 80 % des cas : c'est pour cela qu'il est aussi appelé « psoriasis vulgaire ». Il se traduit par des plaques rouges, limitées, épaisses, recouvertes de squames blanchâtres, qui se situent préférentiellement sur le cuir chevelu, les coudes et les genoux. Les plaques peuvent cependant aussi se localiser de manière complètement aléatoire sur d'autres parties du corps.

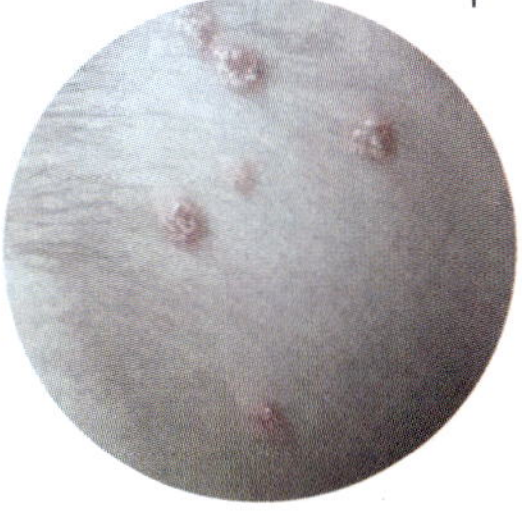

Psoriasis en gouttes

Le psoriasis en gouttes représente moins de 10 % des cas. Il se caractérise par une éruption soudaine et diffuse à toutes les parties du corps. Composé d'une multitude de petites plaques de quelques millimètres de diamètre, rouges et squameuses, le psoriasis en gouttes peut apparaître à la suite d'une angine – notamment chez les enfants et les adolescents. C'est la forme la plus fréquente chez l'enfant. Cette forme de psoriasis peut parfois évoluer vers un psoriasis en plaques.

Psoriasis pustuleux

Le psoriasis pustuleux se caractérise par la présence de petites pustules superficielles non folliculaires d'aspect « laiteux » apparaissant sur des plaques rouges ou sur fond de peau normale. Ces pustules sont liées à l'intensité de l'inflammation et non à la présence de bactéries. Le début est brutal avec altération de l'état général et une fièvre élevée. Le psoriasis pustuleux est le plus souvent localisé sur les paumes des mains et/ou la plante des pieds (pustulose palmo-plantaire). La forme qui touche le bout des doigts avec des pustules se renouvelant constamment s'appelle l'acrodermatite continue de Hallopeau.

Psoriasis érythrodermique

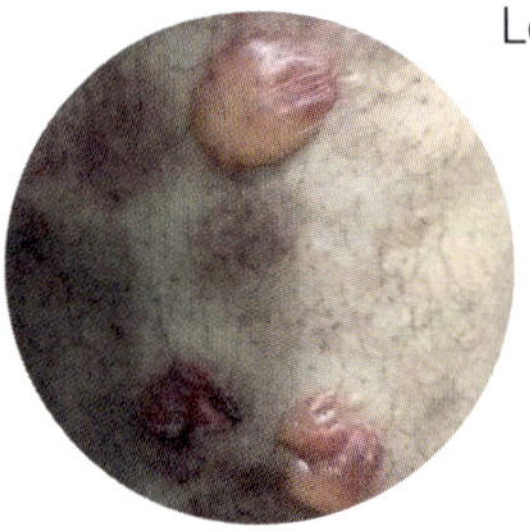

Le psoriasis érythrodermique est la forme généralisée à l'ensemble du corps. Il peut toucher l'intégralité de la surface de la peau sous forme de rougeurs avec une desquamation le plus souvent fine touchant tout le corps de la tête aux pieds ou bien sous forme de pustules disséminées sur des zones rouges et irritées. Cette forme de psoriasis peut s'accompagner de signes généraux avec une fièvre, une hypothermie ou une déshydratation. Il s'agit d'un psoriasis grave requérant souvent une hospitalisation et une prise en charge spécifique en milieu hospitalier.

Psoriasis inversé

Le psoriasis inversé, également appelé psoriasis des plis, est une forme de psoriasis qui atteint les zones de plis du corps (aisselles, plis de l'aine, pli inter-fessier, nombril, etc.), des zones normalement épargnées dans la forme commune du psoriasis, dite en plaques.

Psoriasis de l'enfant

Le psoriasis de l'enfant est souvent localisé à la zone du siège chez le nourrisson (appelé autrefois **psoriasis des langes**, *napkin psoriasis*).

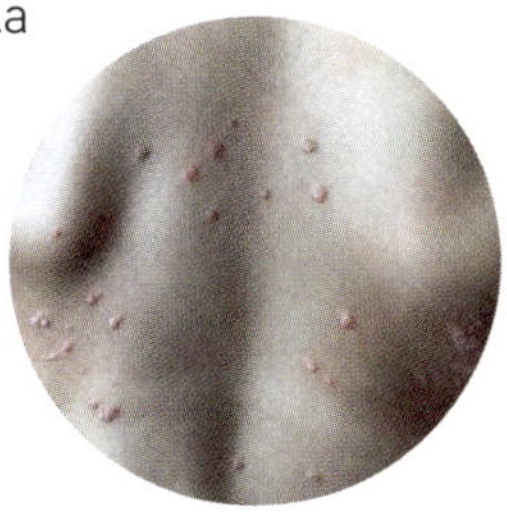

Le psoriasis de l'enfant débute souvent après une angine et prend alors la forme d'un psoriasis dit « en gouttes » ou « en plaques », qui reste la forme la plus courante d'expression de ce trouble.

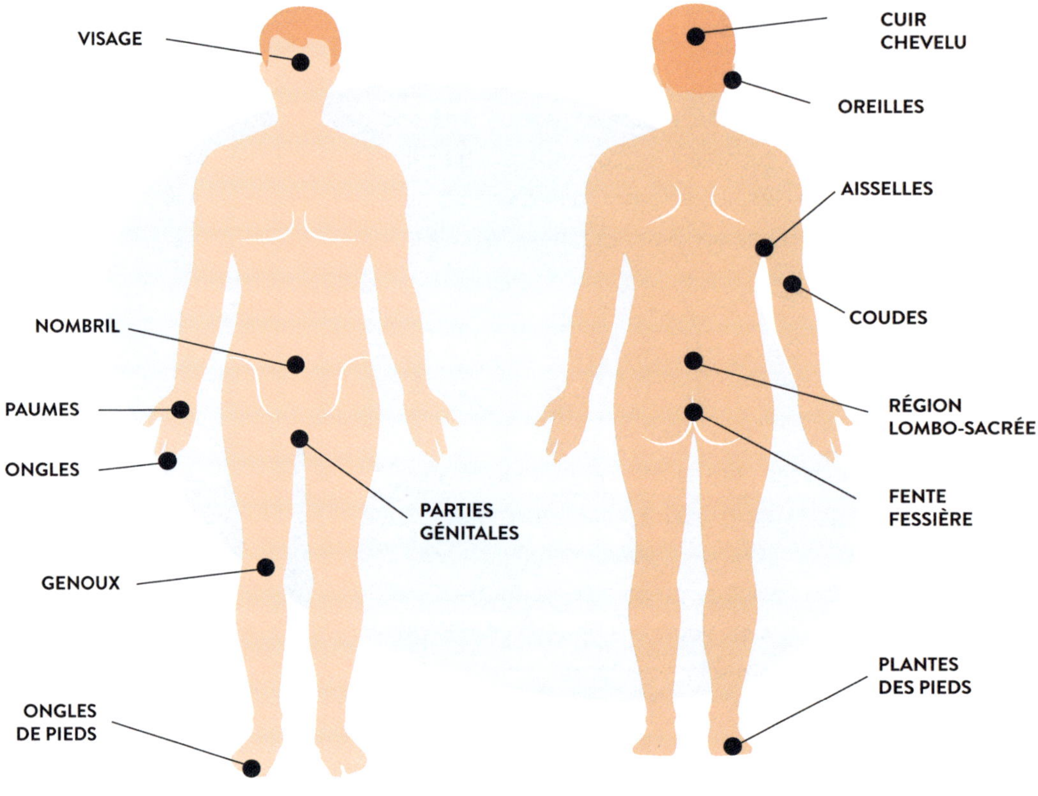

LOCALISATIONS DU PSORIASIS

LES DIFFÉRENTES LOCALISATIONS DU PSORIASIS

Psoriasis des mains et des pieds ou psoriasis palmo-plantaire

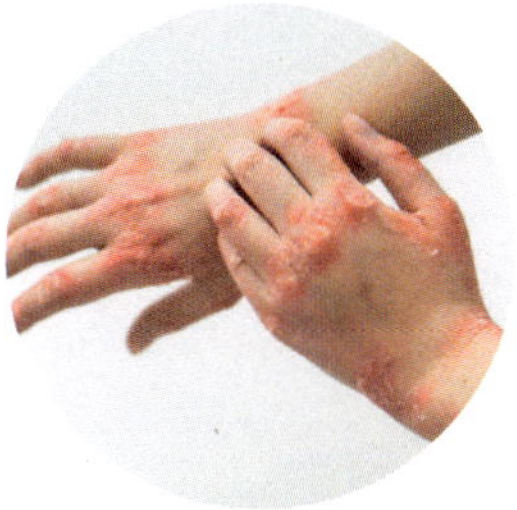

Cette forme de psoriasis localisé aux paumes et aux plantes se caractérise par des placards croûteux épais et/ou kératosiques bordés, sur fond rouge inflammatoire. Ce psoriasis est particulièrement douloureux du fait des fissures et difficile à soulager.

Psoriasis des plis ou psoriasis inversé

Lorsqu'il est isolé, il est souvent considéré à tort comme une mycose. Il se localise au niveau des plis et se traduit par des rougeurs de l'aine, des aisselles, du pli interfessier, du nombril, de la région anale, et des espaces interdigitaux plantaires, palmaires, rétro-auriculaires. Les démangeaisons sont fréquentes mais la desquamation, souvent éliminée par la transpiration, est rarement observée.

Psoriasis du visage ou sebo-psoriasis

L'atteinte du visage est plutôt rare au cours du psoriasis (5 % à 10 % des patients ont une atteinte du visage à un moment ou un autre de leur vie) ; elle peut se traduire par des plaques rouges et squameuses qui ressemblent à la dermite séborrhéique avec érythème finement squameux des sourcils et du pli nasogénien. Ce psoriasis atteint la lisière du cuir chevelu, les ailes du nez et les « plis d'amertume ». Cette localisation visible du psoriasis est souvent très difficile à vivre, tant physiquement car la peau du visage est particulièrement fragile, que psychologiquement et socialement dû au caractère inesthétique de la dermatose.

Psoriasis des organes génitaux

L'atteinte de la région génitale est fréquente au cours du psoriasis, elle peut se traduire par des plaques rouges et souvent peu squameuses. Les plaques sont parfois de forme annulaire (en anneaux) sur le fourreau (corps de la verge), le gland et les bourses. Les zones du pubis peuvent être atteintes, elles peuvent alors être recouvertes de taches rouges et squameuses.

Psoriasis de la muqueuse buccale

Le psoriasis de la langue forme des plaques rouges, lisses et irrégulières, qui sont parfois associées à un dépôt blanchâtre facilement détachable. Ces plaques se modifient quotidiennement et forment ce que l'on appelle une langue géographique. Des lignes blanches sinueuses apparaissent également à côté de ces taches. Parfois, le psoriasis lingual se traduit aussi par une langue dépapillée.

Psoriasis des ongles ou psoriasis unguéal

Ce psoriasis concerne environ 50 % des patients. Il est le plus souvent associé au rhumatisme psoriasique. L'atteinte des ongles est en général discrète, elle peut se manifester par de petites dépressions sur la surface de l'ongle (ongle en dés à coudre), un décollement de l'ongle, de petites taches jaune orangé (« taches d'huile »), l'apparition de stries, l'épaississement de l'ongle qui devient jaunâtre, un ongle ondulé ou tout cabossé. Le psoriasis unguéal peut être diagnostiqué à tort comme une mycose de l'ongle. Il est particulièrement gênant tant sur le plan esthétique que fonctionnel. Un bourrelet rouge peut aussi parfois être présent à la base de l'ongle, qui peut faire croire à une infection (panaris).

Le traitement allopathique du psoriasis des ongles est très difficile car les crèmes ne pénètrent pas à travers l'ongle. La protection des traumatismes est nécessaire pour éviter le phénomène d'aggravation qui survient lors des chocs liés par exemple à l'activité professionnelle ou sportive. Le contact prolongé avec l'humidité et les manucures seront à éviter.

Psoriasis du cuir chevelu, psoriasis des cheveux

L'atteinte du cuir chevelu est fréquente au cours du psoriasis. En effet, entre 50 % et 80 % des personnes atteintes sur d'autres régions du corps ont également un psoriasis du cuir chevelu alors que d'autres n'ont qu'un psoriasis du cuir chevelu isolé toute leur vie. Cette localisation est évolutive et particulièrement difficile à traiter. Visible par les squames qui se détachent et très irritant, ce psoriasis est socialement très gênant pour la personne atteinte.

Au début, le psoriasis du cuir chevelu n'est pas très caractéristique, il peut d'ailleurs ressembler à un état pelliculaire plus ou moins sévère. Puis, les taches rouges progressent, se recouvrent de croûtes argentées de plus en plus épaisses, et s'étendent jusqu'à la lisière du cuir chevelu. La localisation occipitale est fréquente et les démangeaisons sont souvent importantes. Il est rarement la cause d'une alopécie durable mais les plaques épaisses peuvent engainer les follicules pileux et parfois entraîner une chute de cheveux temporaire.

Il peut être associé à une atteinte du visage qui devient rouge et pèle, plus particulièrement au niveau du front et autour du nez mais aussi à une atteinte des oreilles et des conduits auditifs externes.

Psoriasis des articulations ou arthropathique

Il se rencontre chez environ 25 % des psoriasiques. C'est une forme de psoriasis associant une atteinte cutanée et une atteinte articulaire ; celle-ci peut rester discrète ou être destructrice comme dans la polyarthrite rhumatoïde. En cas de psoriasis arthropathique, les marqueurs sanguins de la polyarthrite rhumatoïde sont absents.

Deux types d'atteintes sont à distinguer : l'atteinte périphérique et l'atteinte axiale. Le rhumatisme périphérique psoriasique peut affecter les petites et/ou grosses articulations comme les articulations des coudes, des genoux, des chevilles et les petites articulations de l'extrémité des doigts ou des orteils. Le rhumatisme axial touche en général les articulations du cou ou le bas de la colonne vertébrale, parfois les articulations de la clavicule ou des côtes. Lorsque l'atteinte des articulations s'associe à une atteinte de la peau, on parle de psoriasis sévère. L'atteinte articulaire peut précéder l'atteinte de la peau dans 10 % à 15 % des cas. Mais dans les 75 % à 80 % des cas, c'est la peau qui est affectée en premier. La sévérité de l'atteinte cutanée n'est pas corrélée à la présence d'une atteinte articulaire.

Certaines localisations de psoriasis sont particulièrement associées à un rhumatisme psoriasique : atteinte du cuir chevelu, atteinte unguéale, atteinte du sillon interfessier.

Les douleurs articulaires sont parfois les seuls symptômes du psoriasis articulaire. Le diagnostic du psoriasis articulaire est fait en général par le dermatologue et/ou le rhumatologue.

Un certain nombre d'examens sont nécessaires : un bilan sanguin qui recherche des signes de l'inflammation et l'absence des marqueurs de la polyarthrite rhumatoïde ; un bilan radiologique des articulations douloureuses ; une échographie, voire une IRM.

LE DIAGNOSTIC DE LA MALADIE

Dans sa forme commune la plus fréquente, le diagnostic du psoriasis est facilement posé par le dermatologue. Il est avant tout clinique et est basé sur le seul examen de la peau et des phanères. La présence de taches érythémato-squameuses bien délimitées, arrondies, ovalaires ou polycycliques, parfois associée à une atteinte des ongles, des plis, des organes génitaux ou des articulations, est en général suffisante. Le plus souvent, ces éléments sont multiples et symétriques, mais peuvent être également diffus. La taille des lésions est variable : psoriasis en points, en gouttes, nummulaires (éléments arrondis de 1 à plusieurs centimètres de diamètre) ou en plaques. L'interrogatoire retrouve souvent des antécédents de psoriasis dans la famille du patient mais ce n'est pas systématique.

> Les localisations habituelles, très caractéristiques de l'affection, sont surtout les zones exposées aux frottements et aux traumatismes physiques : coudes, genoux, jambes, région lombo-sacrée, cuir chevelu, ongles.

Le diagnostic peut être délicat quand l'atteinte est minime, isolée ou particulièrement localisée à un endroit du corps. Le dermatologue prescrit parfois des examens pour conforter son diagnostic (biopsie de peau) ou éliminer d'autres affections qui peuvent ressembler au psoriasis (prélèvement bactériologique ou viral, prise de sang, radiographies).

Cependant, de nombreuses affections cutanées peuvent être confondues avec un psoriasis : mycose, dermite séborrhéique, eczéma, pityriasis rosé de Gibert, allergie médicamenteuse, infection bactérienne ou virale.

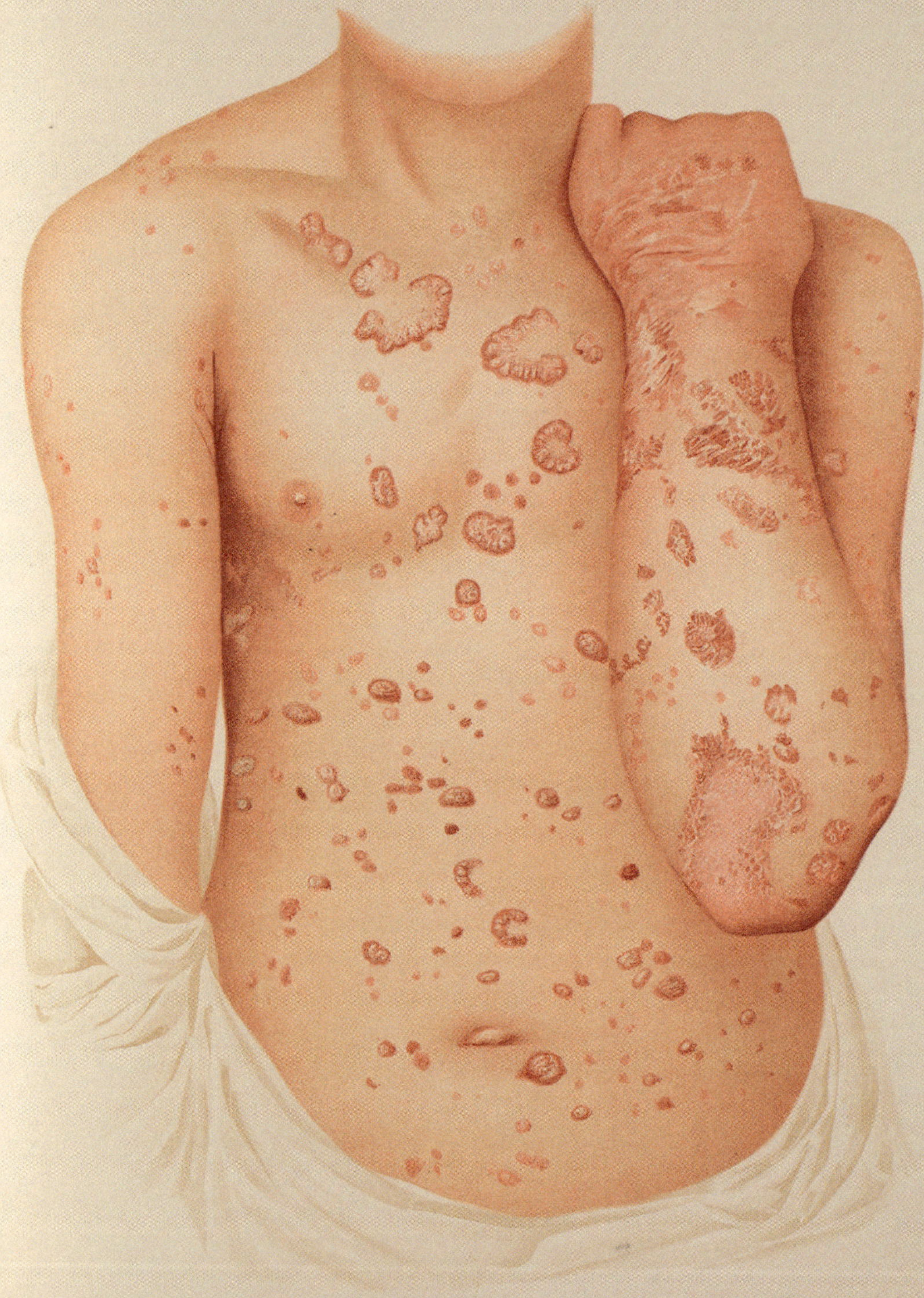

PSORIASIS.

LES FACTEURS DÉCLENCHANTS DU PSORIASIS

LES ACTEURS DU SYSTÈME IMMUNITAIRE CUTANÉ

Jusqu'à récemment, le psoriasis était considéré comme une maladie des kératinocytes épidermiques, cellules de l'épiderme.

Bien que les connaissances sur les mécanismes à l'origine du psoriasis aient beaucoup évolué ces dix dernières années, le polymorphisme spécifique associé à son origine plurifactorielle fait du psoriasis une dermatose particulièrement difficile à cerner. Pour certains, il s'agit d'une maladie auto-immune due à l'expansion de lymphocytes T autoréactifs contre des antigènes épidermiques encore mal identifiés. Pour d'autres, il s'agit d'une maladie auto-inflammatoire secondaire à la production de cytokines qui, à elles seules, résument l'ensemble des signes cliniques de la maladie. À ce titre, le psoriasis partage des signatures moléculaires inflammatoires avec la polyarthrite rhumatoïde et la maladie de Crohn.

Il est important de signifier que la peau est le théâtre de nombreuses manifestations : psoriasis bien sûr mais aussi allergies, acné, eczéma, dermatite atopique…

La peau, notre premier contact avec le monde extérieur et le non-soi, est aussi une voie d'entrée pour de nombreuses affections transmises par des insectes, mouches, moustiques et tiques. Elle peut être aussi le siège de tumeurs malignes comme le carcinome et le mélanome.

Cytokines

Les cytokines sont des agents essentiels du système immunitaire et constituent, avec les hormones et les neuromédiateurs, les molécules indispensables à la communication entre les cellules. Le rôle du système immunitaire consiste à préserver l'intégrité des personnes face à leur environnement, donc à se défendre contre les agents infectieux, et également contre les désordres internes comme les cellules tumorales. Des combats permanents qui doivent être contrôlés rigoureusement : en effet, ceux-ci ne doivent pas se retourner contre la personne elle-même. L'intensité des réactions immunitaires se doit donc d'être ajustée, suffisamment intense mais pas trop, et spécifique, dirigée exclusivement contre les intrus.

Les réactions des multiples partenaires en jeu doivent, en outre, être rigoureusement coordonnées. Et ainsi, les échanges entre les nombreuses cellules du système immunitaire se font soit par des contacts intercellulaires directs, soit via des médiateurs solubles libérés par les cellules : les cytokines.

Les cytokines assurent donc la communication cellulaire. Ces glycoprotéines de faible masse moléculaire sont actives grâce à la présence, à la surface de la cellule cible, de récepteurs spécifiques qui vont transmettre le message.

Une cytokine peut être produite par différentes cellules et, à l'inverse, une cellule peut synthétiser de nombreuses cytokines différentes.

Cytokines *(suite)*

Ces médiateurs peuvent être produits lors d'une activation cellulaire, principalement à la suite :

- d'un stimulus infectieux provoqué par les agents infectieux tels que les bactéries, les virus ou les parasites, ou encore leurs composants (tels que par exemple l'ADN ou l'ARN d'un virus) ;
- de la présence de composants du soi libérés au cours de l'inflammation ;
- ou encore d'autres cytokines.

Les cytokines peuvent être synthétisées principalement par les lymphocytes (des types de globules blancs jouant un rôle important dans le système immunitaire) activés et par les macrophages (grosses cellules capables de phagocyter des particules étrangères, ils sont un type de globules blancs, tout comme les lymphocytes) activés.

Les cytokines possèdent une demi-vie très courte, d'une demi-heure ; la demi-vie correspond au temps mis par une substance pour perdre la moitié de son activité physiologique. En outre, les cytokines sont capables d'induire des effets parfois différents sur des cibles variées, ce qui rend donc leur usage en clinique bien souvent difficile. Il existe cinq sous-groupes de cytokines, qui ont été définis surtout par des identités de structure :

- le groupe des hématopoïétines ;
- le groupe des interférons ;
- celui du TNF-alpha (ou facteurs de croissance) ;
- la famille de l'IL-1 (les interleukines) ;
- enfin les chimiokines ou chémokines (famille de petites protéines partageant des séquences similaires d'acides aminés).

Lymphocytes T

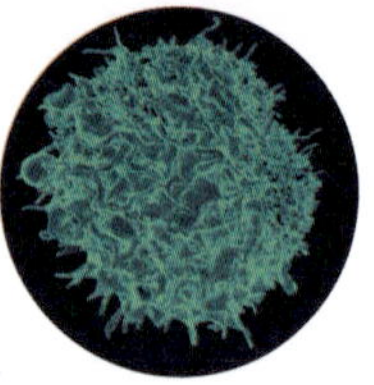

Les lymphocytes T sont une catégorie de leucocytes qui joue un rôle majeur dans la réponse immunitaire adaptative. « T » est l'abréviation de « thymus », l'organe dans lequel les lymphocytes T transitent depuis leur lieu de production, la moelle osseuse, pour y terminer leur maturation. Les lymphocytes T sont responsables de l'immunité cellulaire : les cellules infectées par un virus ou les cellules cancéreuses reconnues comme étrangères à l'organisme sont détruites par un mécanisme complexe.

Polyarthrite rhumatoïde

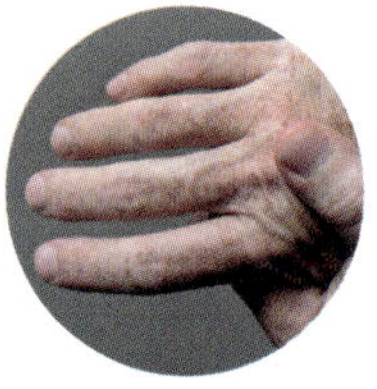

La polyarthrite rhumatoïde est une maladie auto-immune inflammatoire chronique et sévère des articulations évoluant par poussées. Celles-ci se détruisent progressivement, entraînant un handicap. Plusieurs facteurs immunologiques, génétiques, hormonaux, environnementaux sont impliqués. Il existe également des gènes de prédisposition à la polyarthrite rhumatoïde, situés dans différentes régions du génome. Les gènes dont l'implication est la plus forte appartiennent au complexe majeur d'histocompatibilité : il s'agit de certains gènes HLA-DR qui codent les molécules essentielles pour la présentation des antigènes au système immunitaire.

(Source : INSERM)

Maladie de Crohn

La maladie de Crohn est une maladie auto-immune du tube digestif qui fait partie des problématiques inflammatoires chroniques de l'intestin, comme par exemple la rectocolite hémorragique.

Elle provoque une inflammation des parois intestinales ainsi que des ulcères, des fissures et parfois des perforations. Ces lésions peuvent affecter l'ensemble du tube digestif, de l'œsophage à l'anus.

Évoluant par poussées, la maladie de Crohn se traduit par des maux de ventre, des diarrhées qui peuvent persister plusieurs semaines à plusieurs mois. Ces poussées peuvent entraîner fatigue, anémie, dénutrition et perte de poids.

PSORIASIS

Plaques rouge vif, aux contours bien délimités, nets, recouvertes de squames blanches qui peuvent démanger et/ou être douloureuses.
Aspect polymorphe : gouttes, plaques, généralisé. Évolution par poussées. Très rare chez le nourrisson. Chez l'enfant, psoriasis en gouttes (petites plaques) étendu à l'ensemble du corps et survenant souvent à la suite d'une infection.

On peut souffrir de psoriasis et d'eczéma en même temps.

DERMATITE SÉBORRHÉIQUE

Elle peut être due à une carence en vitamines B. Irritation ou plaques grasses qui peuvent démanger au niveau du cuir chevelu, des oreilles, de la zone T du visage (nez et front) sur laquelle vient se développer un champignon naturellement présent sur la peau. Les lésions se développent là où la sécrétion de sébum est la plus importante.

ECZÉMA DE CONTACT

L'eczéma de contact se déclenche après le contact de la peau avec un allergène comme le nickel contenu dans les bijoux fantaisie, les boutons de certains vêtements, un parfum, un médicament, des poussières, des pollens, des plantes... ou n'importe quel autre allergène qui peut stimuler le système immunitaire et déclencher une réaction cutanée.

ECZÉMA

Plaques rouges, sèches ou suintantes. Peau asséchée qui démange et irrite. Présence de petites vésicules rouges, en plaques mal délimitées et d'aspect rugueux. Elles se rompent au grattage avec un suintement et formation de croûtes. Le grattage peut entraîner un épaississement de la peau ou une lichénification. Les squames sont moins épaisses et moins bien délimitées que le psoriasis. Évolution par poussées. Chez l'enfant : plis des coudes, genoux, fesses, poignets, chevilles, sous les oreilles. Chez l'adulte : tête et cou sont le plus souvent touchés. Facteurs déclenchants plus faciles à éviter que ceux du psoriasis.

ECZÉMA ATOPIQUE

C'est une problématique cutanée prurigineuse (provoquant des démangeaisons) chronique, évoluant par poussées. Il touche principalement les nourrissons et les enfants mais peut persister à l'adolescence et à l'âge adulte. Il survient sur un terrain génétique particulier qui favorise le développement d'allergies (atopie) lors de l'exposition à des allergènes de l'environnement (acariens, poils d'animaux, pollens...). L'eczéma atopique touche principalement l'enfant. Il commence, très tôt dans la vie (dès l'âge de 3 mois le plus souvent) et il est alors appelé eczéma du nourrisson. Il évolue par poussées chez le bébé et l'enfant, disparaît en général avant l'adolescence, mais peut persister à l'âge adulte.

ACNÉ

Lésions polymorphes (nodules, kystes, papules, comédons – points noirs –, pustules), apparaissant sur peaux grasses. Provoqué par un excès de sébum sécrété par les glandes sébacées. Dans 95 % des cas, le visage est la zone la plus touchée. D'autres régions du corps peuvent être recouvertes de boutons : dos (43 % des personnes acnéiques), cou (20 %) et partie antérieure du thorax (20 %).

VITILIGO

Disparition des mélanocytes, cellules qui produisent la mélanine, le pigment responsable de la coloration de la peau. Ne démange pas, indolore. Problématique chronique et incurable, qui cause un préjudice esthétique et entraîne chez les personnes atteintes une souffrance psychique importante.

URTICAIRE

Boutons apparaissant d'un seul coup et ressemblant à des piqûres d'ortie. Peut s'accompagner d'un angio-œdème de la bouche ou des paupières. Disparaît rapidement dans les 48 heures. En cas de crise, d'urticaire aiguë, on prescrit un traitement antihistaminique à prendre pendant quelques jours. L'urticaire chronique spontanée nécessite un traitement de fond.

La peau est un organe lymphoïde. Pour défendre notre organisme contre le développement de ces problèmes cutanés et faire face au stimulus externe (un agent infectieux ou un allergène, par exemple), le système immunitaire de la peau met en place différentes stratégies :

1/ D'abord activation des cellules immunitaires innées de la peau : les cellules dendritiques, les macrophages, les cellules NK, les polynucléaires neutrophiles, éosinophiles (première ligne d'activation). Les cellules dendritiques de l'épiderme sont appelées cellules de Langerhans et celles du derme sont dites dermiques. Ces différentes populations de cellules dendritiques sont capables de migrer, via les vaisseaux lymphatiques de la peau vers les organes lymphoïdes secondaires, les ganglions lymphatiques cutanés, afin d'engager la réponse immune adaptative en suscitant l'activation des lymphocytes T.

2/ Puis activation des cellules immunitaires adaptatives : lymphocytes T CD8 cytotoxiques qui tuent les cellules infectées ou cancéreuses, lymphocytes T CD4 auxiliaires qui créent une inflammation polymorphe et lymphocytes B qui donnent naissance aux plasmocytes qui produisent les anticorps.

L'inflammation psoriasique est une inflammation dite des lymphocytes Th17, caractérisée par des cytokines Th17 qui recrutent des polynucléaires neutrophiles. Généralement, il s'agit d'un processus contrôlé à moins que l'agression de la peau ne soit prolongée, auquel cas une production déséquilibrée de cytokines peut conduire au développement de troubles métaboliques tels que le psoriasis.

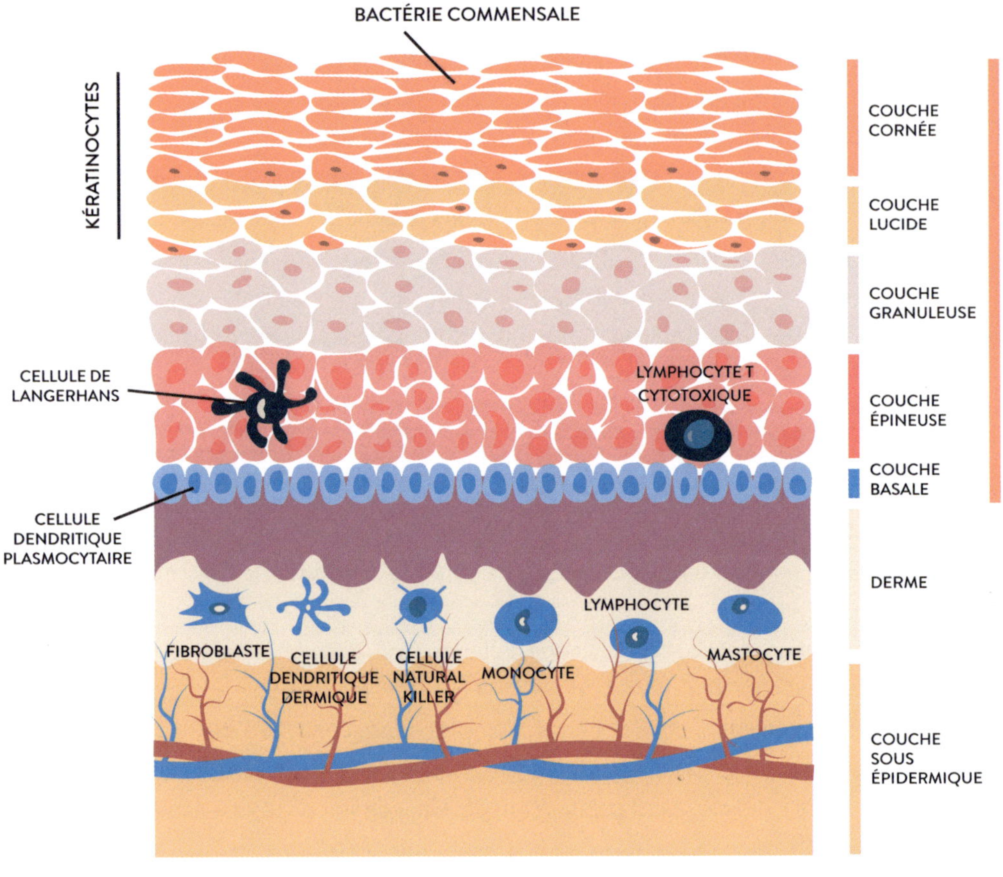
BACTÉRIE COMMENSALE
KÉRATINOCYTES
CELLULE DE LANGERHANS
LYMPHOCYTE T CYTOTOXIQUE
CELLULE DENDRITIQUE PLASMOCYTAIRE
FIBROBLASTE
CELLULE DENDRITIQUE DERMIQUE
CELLULE NATURAL KILLER
MONOCYTE
LYMPHOCYTE
MASTOCYTE
COUCHE CORNÉE
COUCHE LUCIDE
COUCHE GRANULEUSE
COUCHE ÉPINEUSE
COUCHE BASALE
ÉPIDERME
DERME
COUCHE SOUS ÉPIDERMIQUE

Les récents progrès génétiques et immunologiques ont considérablement amélioré la compréhension de la pathogenèse du psoriasis en tant que trouble inflammatoire chronique à médiation immunitaire. Le principal défaut immunitaire dans le psoriasis semble être une augmentation de la signalisation cellulaire via des chimiokines et des cytokines, qui agissent sur l'expression génique régulée à la hausse et provoquent une hyperprolifération des kératinocytes.

Ainsi, l'inflammation du psoriasis est le résultat de l'interaction entre les cellules épithéliales (kératinocytes), les cellules dendritiques et les lymphocytes T. Ces interactions lancent le processus et entretiennent un cercle vicieux d'activation cellulaire réciproque qui pérennise les lésions cutanées et est responsable de leur chronicité.

Le psoriasis est un trouble de l'homéostasie épidermique.

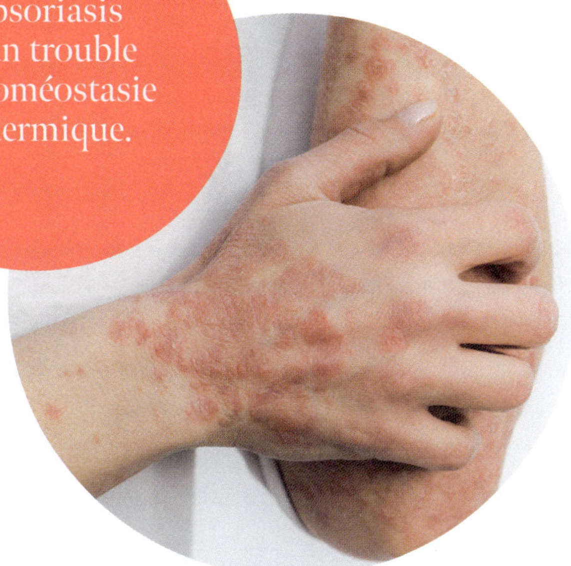

PRÉDISPOSITION HÉRÉDITAIRE

Environ 30 % des personnes atteintes de psoriasis ont des antécédents familiaux chez un parent au premier ou au deuxième degré. Ce terrain génétique augmenterait la sensibilité du système immunitaire, en abaissant le seuil de déclenchement de l'inflammation face à des facteurs d'environnement (stress, climat, infection, médicaments, traumatisme…) qui peuvent être différents d'un individu à un autre et varier au cours de la vie. L'impact de la vie et de l'environnement va donc faire varier l'apparition et l'évolution du psoriasis. Une personne ayant une hygiène de vie exemplaire, un équilibre émotionnel, un entourage aimant, absence de séparation ou de solitude, absence de stress, tabac, alcool, retardera l'apparition de la problématique (la dimension épigénétique). Un mode de vie et un environnement délétères (la solitude, le stress, le tabac ou encore l'alcool) favorisent au contraire son développement.

Dans le psoriasis, toutes les anomalies génétiques ne sont pas encore identifiées et différentes études chez des familles de personnes psoriasiques ont permis de mettre en cause différents loci situés sur des chromosomes différents[(3)]*.

Le chromosome 6 joue un rôle certain. Le gène PSORS1 de ce chromosome est le locus de susceptibilité le plus souvent rencontré chez les patients atteints de psoriasis. Il intervient dans le psoriasis en plaque (présent dans 35 % à 50 % des cas) et c'est un facteur de risque pour le psoriasis en goutte. De plus, l'allèle HLA-Cw0602 de cette région est également mis en cause, car il est présent chez 85 % des patients souffrant d'un psoriasis à début précoce.

* Voir les notes dans la partie « Sources et bibliographie » en fin d'ouvrage.

Il existe d'autres gènes en cause : le gène PSORS2 du chromosome 17, mais aussi les gènes codant pour IL12B sur le chromosome 5 et pour l'IL23R sur le chromosome 1, car ces derniers sont impliqués dans la différenciation des lymphocytes T mis en cause chez les patients psoriasiques (composante auto-immune)[5].

> **Par conséquent, un enfant dont un seul parent est atteint a 28 % de risque de développer avant ses 30 ans un psoriasis ;
> un enfant dont les deux parents sont atteints aura 65 % de risques[5].**

De plus, chez les jumeaux homozygotes, le risque de développer un psoriasis est 2 à 3 fois plus élevé que chez les jumeaux hétérozygotes. En effet, 70 % des jumeaux homozygotes atteints le sont tous les deux[4].

ÉPIDÉMIOLOGIE

La prévalence du psoriasis varie considérablement selon l'origine ethnique. Le psoriasis survient le plus souvent chez les Caucasiens, avec une fréquence estimée à 60 cas pour 100 000 personnes par an dans cette population. Sa prévalence aux États-Unis est de 2 % à 4 %, bien qu'elle soit rare ou absente chez les Amérindiens et certaines populations afro-américaines. Courante au Japon, elle l'est beaucoup moins en Chine, avec une incidence estimée à 0,3 %. La prévalence dans la population générale d'Europe du Nord et de Scandinavie est de 1,5 % à 3 %. Les femmes et les hommes sont également touchés par cette condition. L'observation que la latitude affecte la prévalence est très probablement liée à l'effet bénéfique de la lumière du soleil sur le psoriasis.

Bien que le psoriasis puisse survenir à tout âge, l'âge moyen d'apparition du psoriasis en plaques chronique est estimé à 33 ans, 75 % des cas ayant débuté avant l'âge de 46 ans. L'âge d'apparition semble être légèrement plus précoce chez les femmes que chez les hommes.

Des études longitudinales suggèrent qu'une rémission spontanée peut survenir chez environ un tiers des patients atteints de psoriasis.

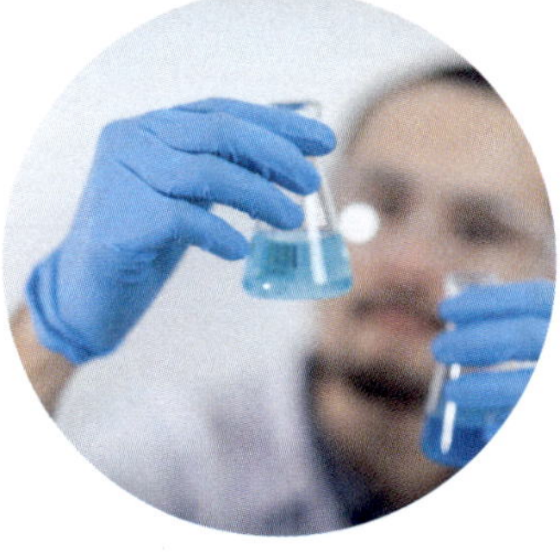

PRÉVALENCE DU PSORIASIS DANS LE MONDE

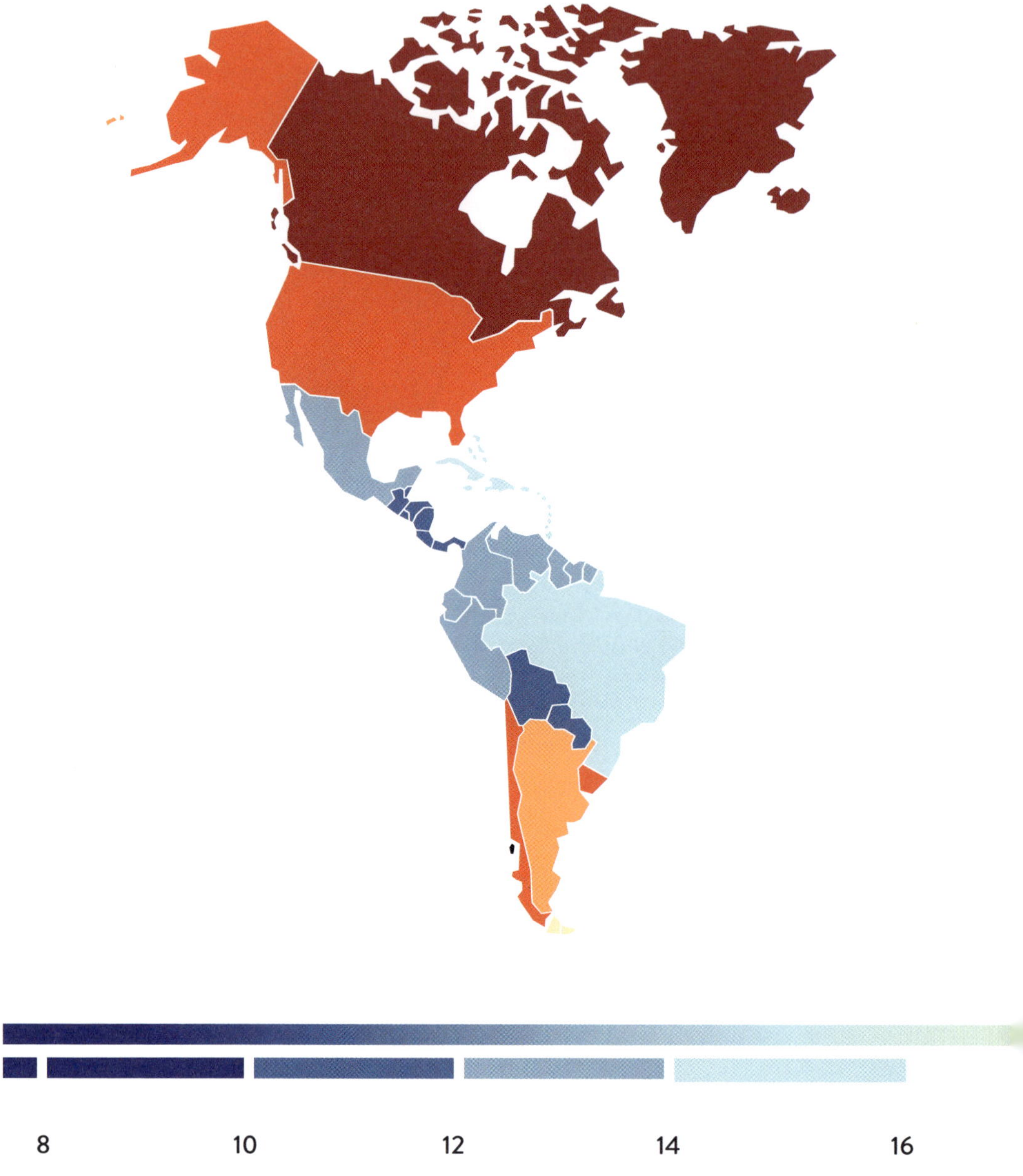

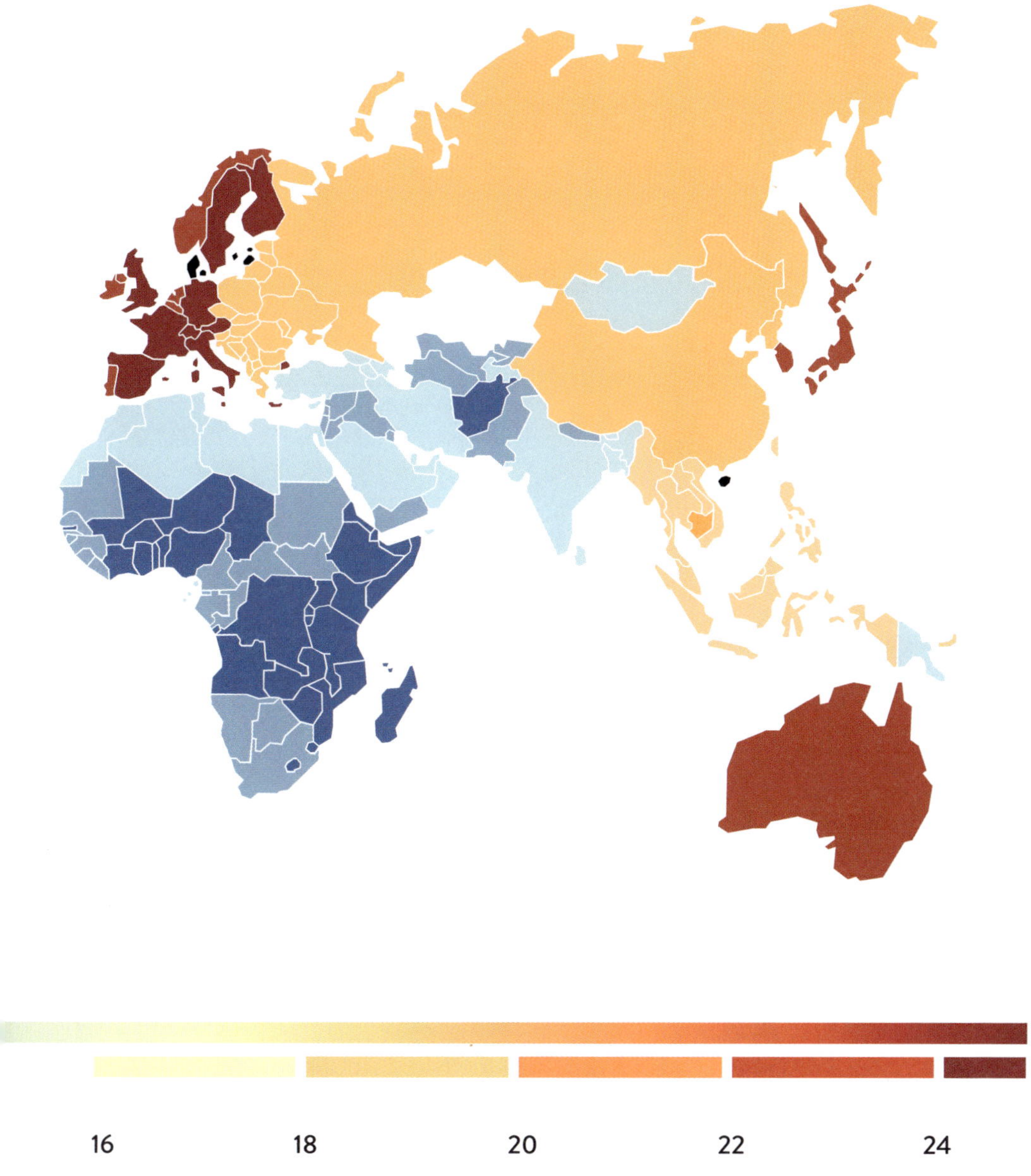
16
18
20
22
24

FACTEURS DÉCLENCHANTS

Infection streptococcique

Une infection à streptocoque, cause fréquente d'angine et d'amygdalite, s'avère un facteur déclenchant, notamment chez les enfants, les adolescents, mais aussi chez les jeunes adultes et les adultes.

Le type de psoriasis induit de façon la plus évidente par cette infection est le psoriasis en gouttes. De 7 à 14 jours plus tard, l'angine est suivie par l'apparition soudaine de plaques psoriasiques localisées sur l'ensemble du corps, en particulier le tronc et les membres. Les plaques sont petites et mesurent en général moins d'un centimètre de diamètre. La démangeaison peut être légère à intense. Ce type de psoriasis a un bon pronostic et se résorbe au bout de quelques semaines à quelques mois selon l'accompagnement proposé.

Facteurs hormonaux

L'influence des hormones semble établie sans que la science n'en comprenne encore parfaitement les ressorts. En effet, le psoriasis peut se déclencher à la puberté (chez les garçons comme chez les filles) et nous pouvons constater une aggravation des poussées au moment de la ménopause et lors des règles.

Le psoriasis a tendance à s'améliorer pendant la grossesse et à s'aggraver après l'accouchement. Le taux élevé de progestérone au cours des 9 mois de grossesse jouerait un rôle dans l'activité immunitaire des lymphocytes T et expliquerait l'accalmie bienvenue des poussées chez les femmes enceintes. Ces observations ne sont toutefois pas constantes et aucun déclenchant hormonal n'a été clairement défini et associé à l'apparition du psoriasis.

Traumatisme cutané

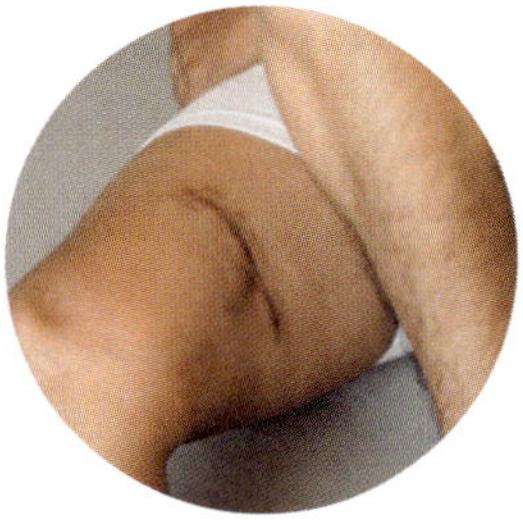

Les traumatismes cutanés (griffures, vaccinations, chirurgie, coups de soleil) peuvent aggraver le psoriasis en faisant libérer des cytokines inflammatoires par les kératinocytes (phénomène de Köbner).

Exposition au soleil

La lumière ultraviolette s'avère bénéfique pour la plupart des psoriasiques. Toutefois, quelques personnes (moins de 5 % des personnes atteintes de psoriasis) remarquent que le moindre rayon de soleil (même à dose ne causant pas de coup de soleil) empire leur état. Certaines personnes ne développent un psoriasis que sur les zones de leur corps souvent exposées au soleil comme le visage, les mains et les avant-bras.

Médicaments

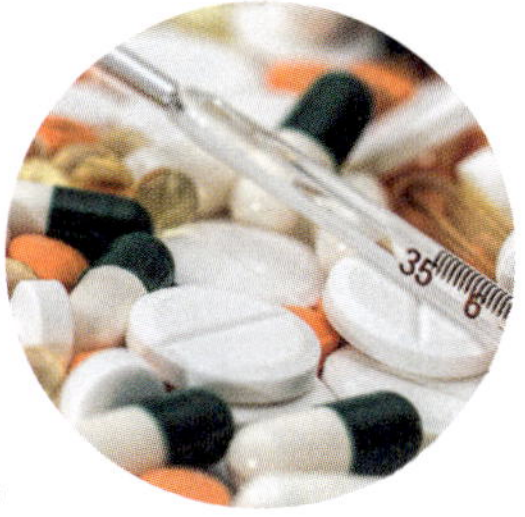

Certains médicaments aggravent un psoriasis déjà présent. C'est le cas du lithium et des anti-TNF-alpha[16], employés couramment dans le traitement des personnes maniacodépressives (troubles bipolaires). La prise orale de corticostéroïdes peut également déclencher une poussée de psoriasis après l'arrêt du médicament. Il se produit la même réaction en appliquant en local sur la peau des crèmes ou onguents stéroïdes topiques puissants : si la personne cesse brutalement l'usage des stéroïdes topiques, il se produit une forte poussée de psoriasis qui peut être parfois même pustuleuse. D'autres médicaments peuvent être à l'origine de poussées de psoriasis comme les bêtabloquants utilisés en cardiologie et sous forme de collyre en ophtalmologie, les anti-malariques, l'interféron qui est prescrit pour la sclérose en plaques et en cas d'hépatite, certains anti-inflammatoires, ou encore les inhibiteurs de l'enzyme de conversion de l'angiotensine prescrits pour l'hypertension.

Facteurs psychologiques

Comme la plupart des affections de la peau, les facteurs psycho-émotionnels jouent un rôle important dans l'évolution du psoriasis. Le stress psychologique pourrait induire une sécrétion accrue de neuromédiateurs à activité pro-inflammatoire. En période de stress, qu'il soit positif ou négatif, le psoriasis peut s'aggraver. Par ailleurs, le fait d'être atteint d'un problème de peau désagréable est aussi lui-même facteur de stress. En cas de psoriasis sévère, les répercussions d'ordre social (esthétique, gêne) et professionnel (handicap) génèrent un état dépressif dans 30 % à 40 % des cas.

Facteurs environnementaux et comorbidités

L'alcool, le tabac et la surcharge pondérale sont des facteurs reconnus de gravité et de résistance pouvant contribuer aux comorbidités souvent présentes. Le psoriasis est

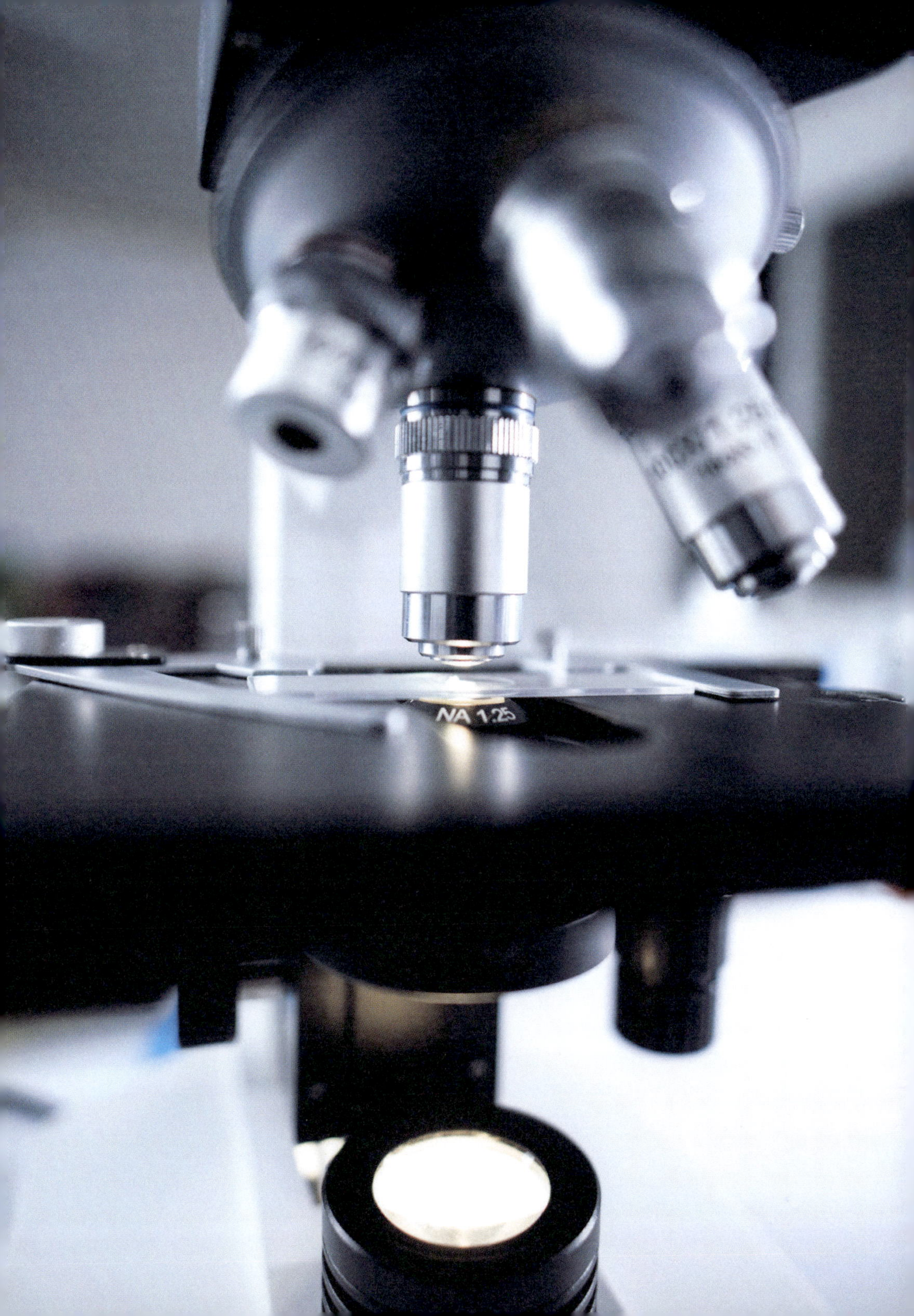
NA 1.25

par ailleurs associé à plusieurs comorbidités, y compris la diminution de la qualité de vie, la dépression, le diabète de type 2, le syndrome métabolique, le cancer, la maladie de Crohn et l'arthrite psoriasique. On ne sait toujours pas si les cancers, en particulier le cancer de la peau et le lymphome, sont liés au psoriasis ou à son traitement. La photothérapie et la thérapie immunosuppressive peuvent augmenter le risque de cancer de la peau autre que le mélanome.

Il est également observé un lien entre le psoriasis et troubles cardiovasculaires(2). Les preuves indiquent que le psoriasis est un facteur de risque indépendant de trouble cardiovasculaire. Une dyslipidémie, une calcification coronarienne, une augmentation de la protéine C réactive hautement sensible (CRP), une diminution du folate et une hyperhomocystéinémie sont observées avec une fréquence significativement plus élevée chez les patients atteints de psoriasis. L'inflammation est le thème commun sous-jacent aux deux affections, caractérisée par la présence de cytokines pro-inflammatoires et l'activation endothéliale.

Les processus inflammatoires sous-jacents au psoriasis suggèrent également la possibilité de carences en acides gras oméga-3, en acide folique et en vitamine B12, qui sont également souvent constatées dans les problématiques cardiovasculaires. Un taux élevé d'homocystéine et une diminution des taux de folate sont en corrélation avec l'indice de surface et de sévérité du psoriasis (PASI).

> **Un taux de renouvellement cellulaire rapide dans le psoriasis peut entraîner une utilisation accrue du folate et une carence ultérieure.**

La supplémentation alimentaire en acide folique, B6 et B12 semble raisonnable chez les personnes atteintes de psoriasis, en particulier ceux présentant une homocystéine élevée, un faible taux de folate et d'autres facteurs de risque cardiovasculaire.

Dyslipidémie : taux élevé de lipides dans le sang.

CRP : marqueur de l'inflammation.

Folate ou acide folique ou B9 : a un rôle essentiel dans la production du matériel génétique (ADN, ARN) et des acides aminés nécessaires à la croissance cellulaire, ce qui explique son rôle indispensable au cours des différentes phases de la vie.

Hyperhomocystéinémie : facteur de risque prédisposant aux thromboses. Elle résulte d'un déficit nutritionnel (B9 ou folate, B12 et B6) et/ou un désordre génétique provoquant une perte d'activité des enzymes impliquées dans les voies métaboliques de l'homocystéine (acide aminé impliqué dans le métabolisme de méthionine qui est lui-même un acide aminé soufré ayant des propriétés antioxydantes qui permettent de préserver le foie et d'assurer une synthèse optimale des protéines).

Endothélium vasculaire

L'endothélium vasculaire forme une barrière cellulaire entre les tissus et le sang. C'est un facteur clé de la régulation des phénomènes vasomoteurs, de la perméabilité vasculaire, de la tonicité et de la structure des vaisseaux. Les cellules endothéliales, en réponse à des stimuli, génèrent des molécules régulatrices.

Sous l'influence du vieillissement et des facteurs de risque vasculaires, l'endothélium peut être activé et subir des modifications fonctionnelles qui peuvent gêner cette fonction. On parle alors de « dysfonction endothéliale ».

II.

L'ALLOPATHIE

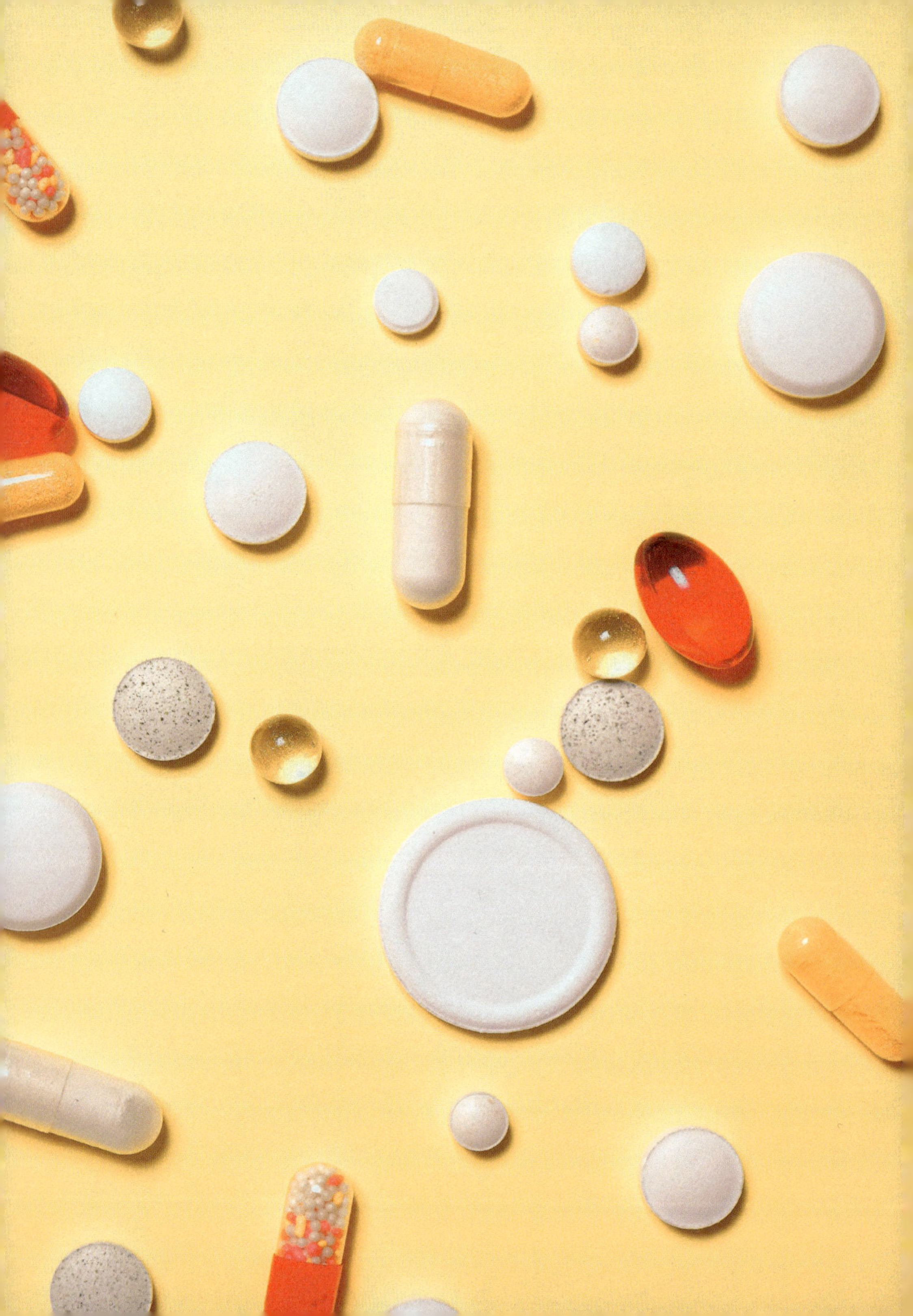

TRAITEMENTS ALLOPATHIQUES

En médecine allopathique, il existe des traitements qui réduisent considérablement les symptômes et améliorent la qualité de vie. Ils doivent être pris en continu pour éviter les rechutes.

Les médicaments de première intention sont des **traitements topiques**. Quand le psoriasis est étendu au-delà de 20 % à 30 % de la surface corporelle, un **traitement par voie orale** (acitrétine, méthotrexate, cyclosporine…) ou par exposition aux ultraviolets sous contrôle dermatologique (photothérapie UVB à spectre étroit ou **PUVA-thérapie**) est indiqué, avec une efficacité d'environ 50 %.

Si le psoriasis résiste à au moins deux de ces traitements, le dernier recours est la **biothérapie** qui offre le plus souvent des résultats remarquables (notamment une atténuation des plaques) sur les psoriasis résistants et les rhumatismes psoriasiques. Elle consiste en l'injection d'anticorps monoclonaux (étanercept, infliximab, adalimunab) qui ciblent spécifiquement un médiateur de l'inflammation (TNF-alpha).

> **Des cures thermales peuvent être prescrites par votre médecin dans certaines situations et prises en charge par l'assurance maladie.**

TRAITEMENTS TOPIQUES

Les dermocorticoïdes

Incontournables et redoutés, les glucocorticoïdes (GC) topiques ou locaux, encore appelés dermocorticoïdes (DC) représentent une partie non négligeable de l'arsenal thérapeutique en dermatologie, par leurs effets anti-inflammatoires et antiprolifératifs, avec une indication dans de nombreuses dermatoses inflammatoires.

Leur durée d'utilisation est limitée dans le temps. On utilise des pommades et des crèmes à base de corticoïdes dits forts sur les zones épaisses de la peau, par exemple les coudes, les genoux… et des corticoïdes d'indice plus faible sur le visage. Une seule application par jour suffit car il existe un effet « réservoir » de la couche cornée. Les lotions sont utilisées pour traiter le cuir chevelu.

Un corticoïde puissant prescrit pendant une courte période agit rapidement mais ne permet généralement qu'une rémission de courte durée, souvent avec un effet rebond (récidive plus intense) dès l'arrêt du traitement.

Leurs effets secondaires cutanés constituent le revers de la médaille. L'enthousiasme pour le développement de dermocorticoïdes topiques toujours plus puissants a malheureusement été accompagné d'un risque accru d'effets secondaires. Il ne faut pas négliger le fait qu'une partie des dermocorticoïdes appliqués localement atteint la circulation sanguine. Et leur usage prolongé expose à un hypercorticisme identique à une prise de cortisone orale.

La sévérité des effets secondaires est très variable, allant de simples effets cosmétiques à des perturbations endocriniennes sérieuses et parfois irréversibles (causant par exemple un dérèglement hormonal, des

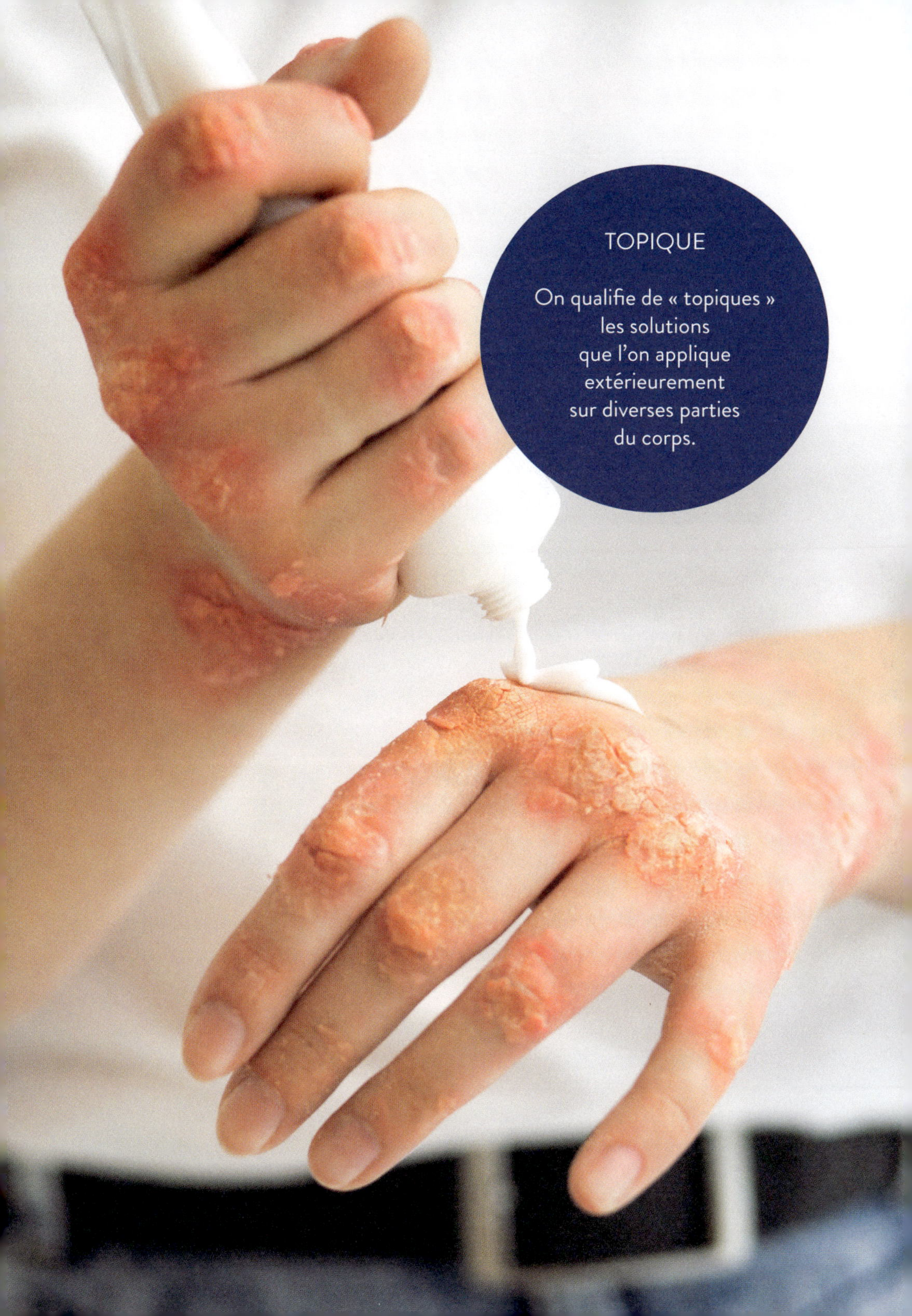

TOPIQUE

On qualifie de « topiques » les solutions que l'on applique extérieurement sur diverses parties du corps.

problèmes de fertilité, une prise de poids, du diabète, de l'hypertension artérielle, une augmentation des risques infectieux...). Le risque de développer des effets indésirables locaux ou systémiques dépend de multiples facteurs : l'âge de la personne, la durée, la dose et la puissance du traitement, la localisation, l'étendue, la nature de la lésion et la forme galénique.

EFFETS SECONDAIRES

La cortisone a l'inconvénient considérable de provoquer des poussées encore plus violentes en fin de traitement.

EFFETS SECONDAIRES LOCAUX

Sécheresse, folliculite, vergetures, surinfection, atrophie cutanée.

Les crèmes aux corticostéroïdes ne doivent pas être utilisées sur une période prolongée en raison du risque d'effets secondaires (perte de pigmentation, amincissement de la peau...) et de la perte d'efficacité progressive du traitement.

L'effet immunosuppresseur peut favoriser diverses infections cutanées.

EFFETS INDÉSIRABLES SYSTÉMIQUES

Plus rares que les effets cutanés locaux, ils sont similaires à ceux des stéroïdes systémiques : suppression de l'axe hypothalamo-hypophyso-surrénalien (HHS), trouble de la tolérance au glucose, syndrome de Cushing, hypertension artérielle, glaucome, ostéoporose et retard de croissance chez l'enfant.

AGGRAVATION DU DIABÈTE

L'hyperglycémie, l'intolérance au glucose et le diabète sont des complications endocriniennes bien connues dans le cadre d'une corticothérapie

Axe hypothalamo-hypophyso-surrénalien

L'axe hypothalamo-hypophyso-surrénalien (HHS en abrégé) est formé par l'hypothalamus, l'hypophyse et la glande surrénale qui libère des hormones tel que le cortisol (l'hormone du stress).

Il relie les systèmes nerveux central et endocrinien.

Il est responsable de l'augmentation d'énergie nécessaire au bon fonctionnement des cellules lors d'une période de stress, en augmentant par exemple la libération d'acides gras et de triglycérides.

Ainsi, ces actions assistent l'organisme durant le stress. En présence d'un stress, l'axe HHS est sous le contrôle de facteurs produits par les neurones de l'hypothalamus (telle que l'hormone de libération de la corticotrophine ou CRH), qui vont à leur tour stimuler la libération d'adrénocorticotrophine (ACTH) à partir des neurones de l'hypophyse. Par la suite, l'ACTH est libérée dans la circulation sanguine jusqu'à atteindre les glandes surrénales qui vont à leur tour stimuler la libération de cortisol (l'hormone du stress), l'un des principaux glucocorticoïdes.

Bien que cette libération de cortisol soit essentielle au bon fonctionnement de notre organisme, une action prolongée de niveaux élevés de cortisol peut devenir dangereuse pour notre santé, en diminuant la sensibilité à l'insuline, en augmentant le risque de diabète, en provoquant une hypertension, une hypercholestérolémie, une augmentation de lipides, etc.

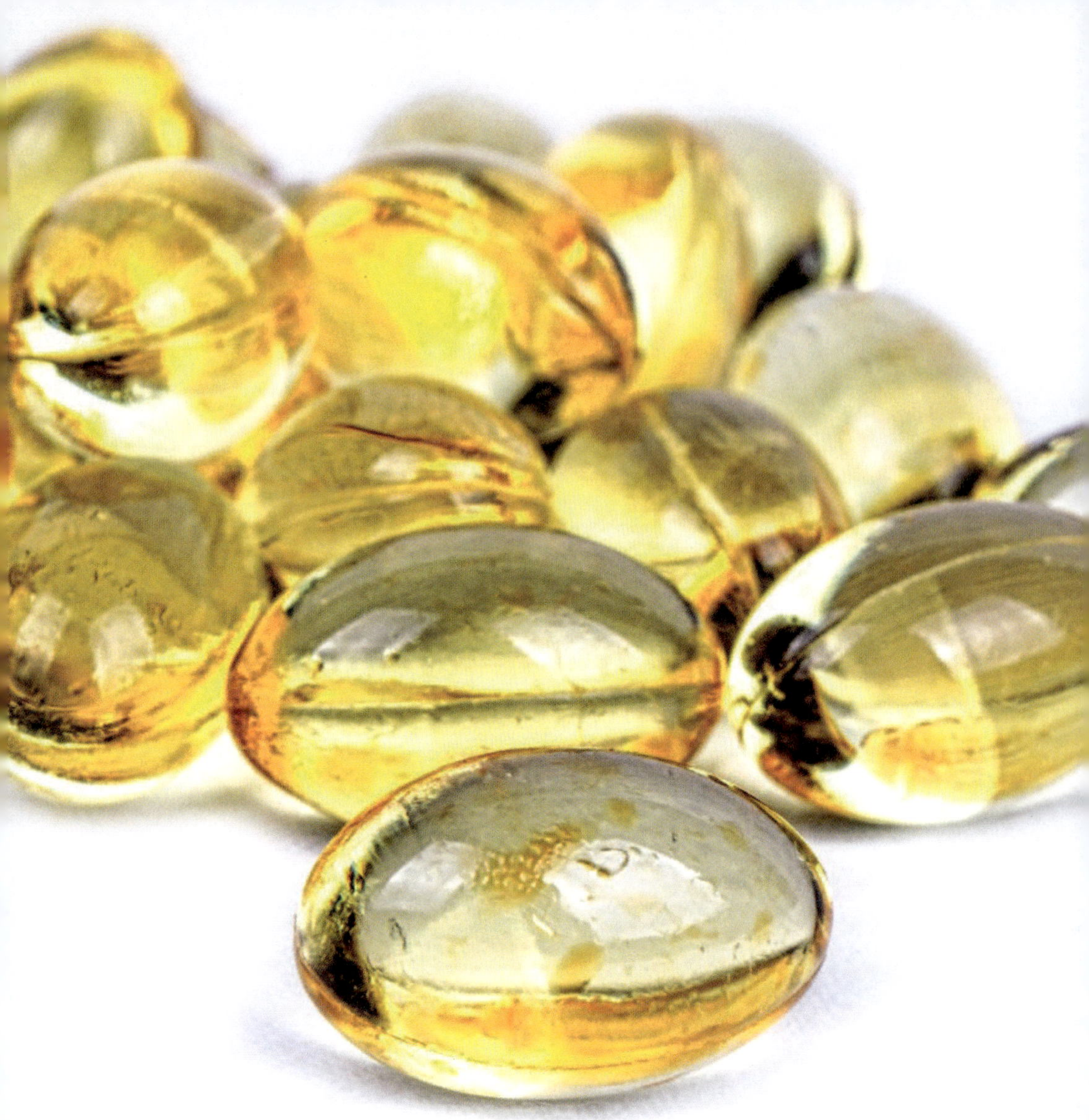

Syndrome de Cushing

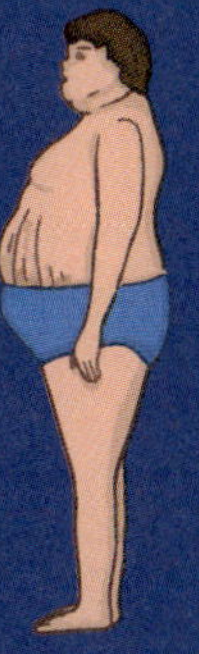

Le syndrome de Cushing est constitué par les anomalies cliniques secondaires à l'élévation chronique du cortisol ou autres corticostéroïdes. La maladie de Cushing est un syndrome de Cushing secondaire à une hyperproduction hypophysaire de l'hormone adrénocorticotrope, habituellement par un adénome hypophysaire. La symptomatologie typique comprend un faciès lunaire et une obésité tronculaire, une tendance aux ecchymoses et une amyotrophie des jambes et des bras. Ainsi, ces actions assistent l'organisme durant le stress.

systémique. Ainsi, l'absorption percutanée de glucocorticoïdes peut potentiellement mener à un état d'hyperglycémie et à une précipitation de la manifestation du diabète symptomatique chez les personnes prédiabétiques ayant un diabète masqué.

Les dérivés de la vitamine D3

Ces produits existent en crèmes, pommades et lotions. Ils luttent contre la multiplication des cellules de la peau. Les dérivés de la vitamine D comprennent le calcipotriol (Dovonex®), qui est une forme synthétique de la vitamine D, et le calcitriol (SilkisMC), une forme active et naturelle de la vitamine D. Les dérivés de la vitamine D agissent en maîtrisant la croissance anormale des cellules, afin d'aider à aplanir les lésions et à retirer les squames. Les dérivés de la vitamine D sont généralement utilisés avec les dermocorticoïdes. Utilisés seuls, ils présentent une efficacité moyenne, et constituent plus une solution d'entretien.

EFFETS SECONDAIRES

Appliquée sur des zones importantes et dans les plis, la crème à la vitamine D3 est dangereuse, car elle est absorbée par la peau et peut provoquer une intoxication qui entraîne un excès de calcium dans le sang (hypercalcémie).

Les dérivés de la vitamine D sont aussi sensibles aux rayons UV ainsi qu'au rayonnement solaire et peuvent les dégrader.

AUTRES EFFETS SECONDAIRES

- Irritation ou inconfort cutané,
  surtout sur le visage et dans les plis.
- Érythème.
- Démangeaisons.
- Symptômes semblables à ceux de la grippe.

> **Ils ne seront pas administrés pendant la grossesse ou l'allaitement.**

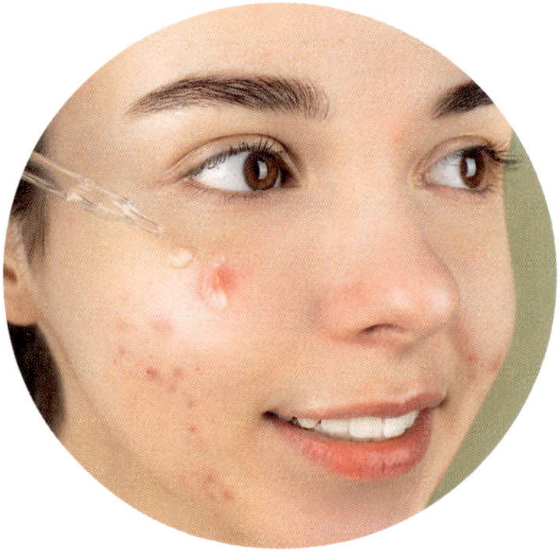

Les rétinoïdes topiques

Les rétinoïdes sont des substances qui régulent le renouvellement de la peau. Si la plupart des rétinoïdes se prennent par voie orale, il existe un traitement local pour le psoriasis à base de rétinoïdes (Tazarotène ou Zorac). Ce gel était préconisé pour des plaques peu nombreuses et comme traitement d'entretien des lésions. Il est souvent irritant en début de traitement.

Les rétinoïdes topiques agissent très lentement, il leur faut parfois beaucoup de temps pour obtenir les premiers résultats.

Les crèmes à la vitamine A, appelées rétinoïdes, sont les mêmes crèmes que celles utilisées contre l'acné. Il est vrai que la vitamine A est la vitamine de la peau. Mais leur inconvénient majeur est de provoquer des malformations sur le fœtus chez la femme enceinte. La vitamine A s'accumule dans l'organisme et peut y rester en excédent pendant un an, prolongeant d'autant le risque.

La toxicité spécifique dépend du temps et de la concentration d'exposition. Les rétinoïdes peuvent être cytotoxiques en endommageant les membranes cellulaires. Par ailleurs, de nombreux symptômes peuvent se manifester.

Aujourd'hui, les rétinoïdes topiques ne sont plus prescrits.

EFFETS SECONDAIRES

- Très irritants.
- Sensibles aux rayons UV ainsi qu'au rayonnement solaire : ceux-ci peuvent les dégrader.
- Photosensibilisation.
- Sensation de brûlure ou de piqûre.
- Peau sèche.
- Démangeaisons.

PHOTOTHÉRAPIE

La photothérapie consiste à exposer la peau à des rayons ultraviolets (UVB ou UVA). Elle est employée si le psoriasis couvre une grande partie du corps ou si les poussées sont fréquentes. Les rayons ultraviolets ralentissent la prolifération des cellules et soulagent l'inflammation.

Les traitements photothérapiques sont efficaces et souvent envisagés en première intention. En revanche, leur utilisation est limitée dans le temps du fait de l'accélération du vieillissement de la peau et surtout de l'augmentation du risque de cancers cutanés que font courir un trop grand nombre de séances.

La PUVA-thérapie associe du psoralène (P) avec une irradiation aux ultraviolets A (UVA). Elle est efficace pour « sécher » les plaques de psoriasis vulgaire, autrement dit le psoriasis qui touche les coudes, les genoux, les faces antérieures des tibias.

EFFETS SECONDAIRES

Risque de cancer de la peau (mélanome et carcinome), vieillissement de la peau prématuré, nausées, brûlures, démangeaisons, risque de cataracte…

Elle est inefficace sur le cuir chevelu, les ongles, la paume des mains et la plante des pieds.

Elle est contre-indiquée en cas de complication grave du psoriasis, l'érythrodermie et d'antécédent de cancer cutané.

La photothérapie,
ou exposition aux UV
en cabine dermatologique,
peut traiter tout le corps si les formes
du psoriasis sont étendues
(supérieures à 30 % de la surface corporelle).
Les rayons peuvent être utilisés soit seuls (UVB)
soit après sensibilisation de la peau
par les psoralènes (PUVA-thérapie).
Ce traitement peut aussi être local
lorsque l'atteinte du psoriasis se limite
aux mains et/ou aux pieds.

TRAITEMENTS IMMUNO-SUPPRESSEURS

Méthotrexate

Il s'agit du traitement médical ultime contre le psoriasis. Il concerne essentiellement les psoriasis graves et les psoriasis arthropathiques. C'est une substance utilisée en chimiothérapie anticancéreuse.

La médecine assimile le phénomène à un cancer, puisque ce sont des cellules qui se multiplient trop vite, comme pour les tumeurs. Le méthotrexate empêche la multiplication des cellules, ce qui explique son utilisation possible dans le traitement de certains cancers et de certains rhumatismes chroniques. Il est pris une seule fois par semaine, soit sous forme de comprimés, soit sous forme d'injections intramusculaires ou sous-cutanées. Il nécessite une surveillance régulière du bilan hépatique et des globules blancs. Il est réservé à des phases de traitement courtes en raison de ses effets secondaires importants... et pour cause : créé en premier lieu dans le traitement de la leucémie, le méthotrexate détruit le système immunitaire.

EFFETS SECONDAIRES

Dommages au foie (augmentation des enzymes hépatiques), dommages aux reins (néphrotoxicité), ecchymoses (bleus) ou saignements inexpliqués, nausées, fatigue inhabituelle, fièvre, plaies ou inflammation de la bouche, diarrhées sévères, augmentation des risques d'infection...

Cyclosporine

La cyclosporine est, tout comme le méthotrexate, un médicament immunosuppresseur dont l'activité anti-psoriasique a été découverte fortuitement en 1979. C'est l'autre traitement médical de choc contre le psoriasis, également utilisé à l'origine en chimiothérapie. Elle est dérivée du gaz moutarde et stoppe la prolifération des cellules, et pour cause : le gaz moutarde tue les cellules de la moelle osseuse, c'est pour cela qu'il est fatal. Il agit toutefois selon un autre mécanisme que le méthotrexate.

La cyclosporine est prise quotidiennement par voie orale (durant un ou deux ans maximum).

La cyclosporine présente énormément d'effets secondaires, elle est donc peu utilisée. Elle nécessite une surveillance régulière car elle est toxique sur le plan rénal, peut provoquer une élévation de la tension artérielle, et elle augmente aussi le risque de cancer de la peau (surtout si les malades psoriasiques ont reçu de la PUVA-thérapie et plus de 2 ans de cyclosporine).

EFFETS SECONDAIRES

Dommages au foie, dommages aux reins (suivi du bilan sanguin rénal indispensable), risque de cancer de la peau augmenté (carcinomes, épidermoïdes), augmentation de la tension artérielle, troubles digestifs, fatigue, sensibilité des gencives (gonflement), fourmillements dans les mains, poussée excessive de poils, protection solaire indispensable du fait du risque accru de cancers cutanés.

Inhibiteur de la phosphodiestérase PDEA4

Le psoriasis est une affection cutanée caractérisée par une hyperactivité du système immunitaire, ce qui provoque une inflammation de la peau. Ainsi, en réduisant le taux de cytokines (piliers essentiels du processus inflammatoire), cet inhibiteur agit directement sur l'inflammation en inhibant l'activité du système immunitaire (comprenez les défenses naturelles du corps) suractivé dans le psoriasis.

Prescrit dans le traitement du psoriasis en plaques chronique, modéré à sévère, chez les patients adultes, la commission de transparence considère que cet inhibiteur occupe la place d'un traitement de seconde intention, en cas d'échec, de contre-indication, ou d'intolérance aux autres traitements systémiques non biologiques dont le méthotrexate ou la PUVA-thérapie.

Cependant, les effets indésirables sont une des limites à leur utilisation. En effet, ils se traduisent par des vomissements, des diarrhées, une

La commission de transparence

La commission de transparence est une instance scientifique composée de médecins, pharmaciens, spécialistes en méthodologie et en épidémiologie. Elle évalue les médicaments ayant obtenu leur autorisation de mise sur le marché (AMM) lorsque le laboratoire qui les commercialise souhaite obtenir leur inscription sur la liste des médicaments remboursables (articles L162-17 du Code de la sécurité sociale et L5123-2 du Code de la santé publique).

augmentation de la sécrétion acide ou une stimulation du système nerveux central.

À noter également que le traitement est susceptible de contribuer à certains épisodes dépressifs et à des pensées autodestructrices. Une évaluation soignée du rapport bénéfices/risques devrait être réalisée chez des personnes ayant des antécédents de dépressions et/ou d'idées ou de comportement suicidaires.

EFFETS SECONDAIRES POSSIBLES

Fatigue, dépression, perte de poids, perte d'appétit, nausées, vomissements, diarrhée, selles fréquentes, douleurs abdominales importantes, reflux gastro-œsophagien, dyspepsie, migraines, céphalées, céphalées de tension, infection des voies respiratoires supérieures (bronchite, nasopharyngite, toux), dorsalgie (mal de dos), battements de cœur rapides ou très forts (information professionnelle du Compendium Suisse des Médicaments®).

Biothérapies par anti-TNF-alpha

La biothérapie, méthode récente et coûteuse, consiste à injecter des substances qui vont bloquer l'immunité à la source. Ces médicaments ont en commun le fait de diminuer les défenses immunitaires et par conséquent d'augmenter le risque d'infection, de la tuberculose aux caries dentaires, selon le mode d'action de la molécule. La surveillance se fait par prise de sang évaluant le foie et les globules blancs (les défenses immunitaires).

Les biothérapies sont indiquées en cas d'échec, de contre-indication ou d'intolérance à au moins deux des traitements précédents, méthotrexate, photothérapie (qui échouent chez 60 % des patients).

Il existe quatre types d'agents en fonction de leur mode d'action :

- **Les agents anti-TNF-alpha :** étanercept, infliximab, adalimumab, certolizumab ;
- **Les agents ciblant l'IL-12 et l'IL-23 :** ustékinumab, anticorps monoclonal humain ciblant la sous-unité p40 commune à l'IL-12 et l'IL-23 ;
- **Les agents ciblant la voie de l'IL-17 :** sécukinumab, ixékizumab, brodalumab ;
- **Les agents ciblant l'IL-23 :** guselkumab, rizankizumab, tildrakizumab.

Les anti-TNF-alpha sont des anticorps monoclonaux utilisés comme traitement immunosuppresseur. Plus précisément, il s'agit d'une catégorie de médicaments appelés « anticorps monoclonaux », qui vont cibler une substance qui intervient dans le mécanisme de l'inflammation. Il existe quatre médicaments anti-TNF-alpha utilisés à l'heure actuelle.

L'infliximab (Remicade®) est administré sous forme de perfusion, à l'hôpital, tandis que l'étanercept (Enbrel®), le certolizumab et l'adalimumab

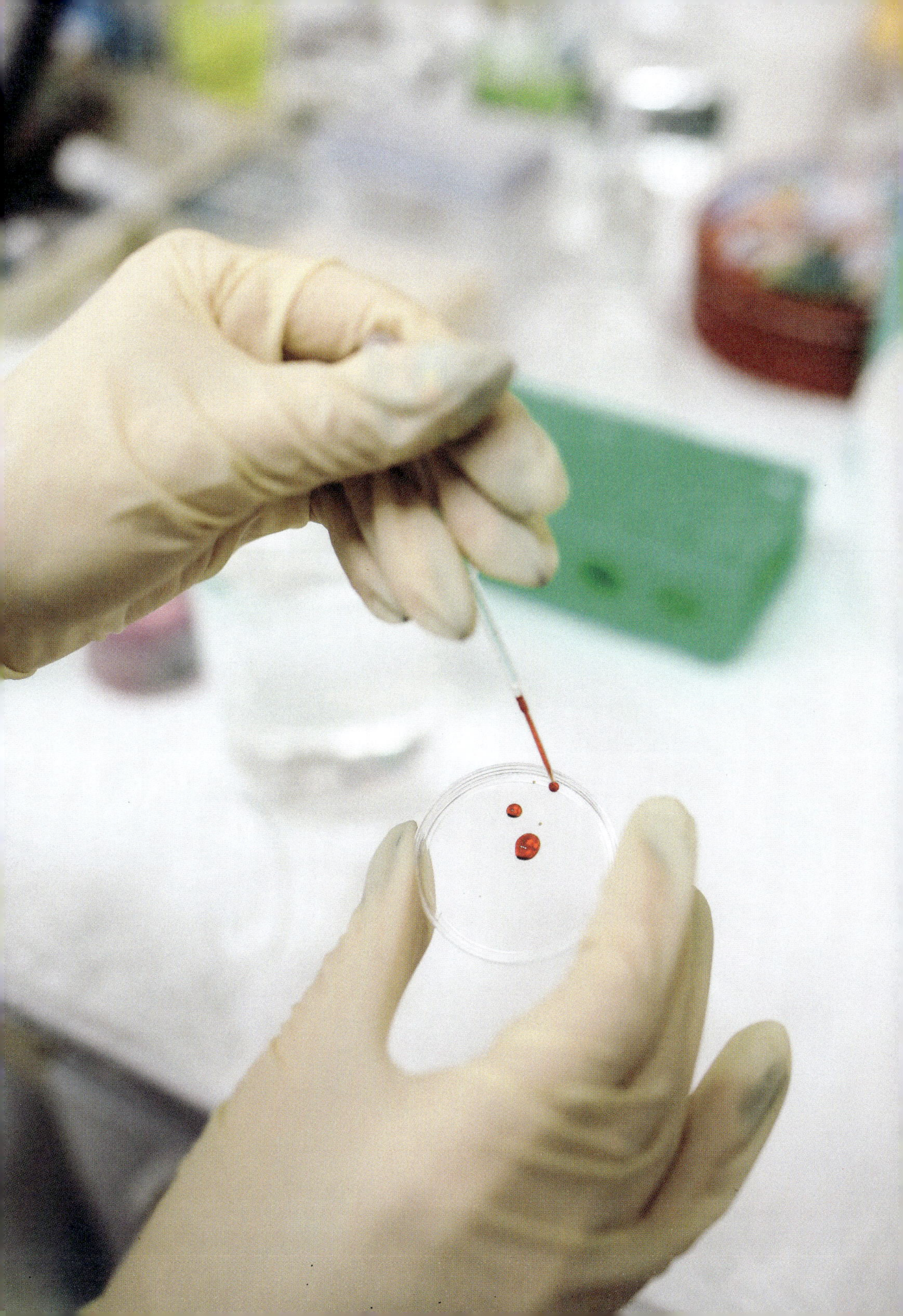

(Humira®) se prennent en injection sous-cutanée. Seul l'étanercept est susceptible d'être utilisé chez l'enfant. Les traitements biologiques sont contre-indiqués pour les personnes qui souffrent de maladies comme la tuberculose, le sida, l'hépatite B ou C, ou chez les personnes ayant eu un cancer. Les traitements anti-TNF-alpha sont aussi contre-indiqués s'il existe des antécédents familiaux de sclérose en plaques.

Ces solutions sont par nature dangereuses car, sans guérir le psoriasis (elles le calment, certes, mais l'entretiennent en même temps et rendent dépendants), elles ouvrent la porte de vos défenses à tous les vents, laissant votre organisme désarmé face à la moindre infection comme à la menace cancéreuse.

Malgré des résultats cliniques positifs, les médecins sont toujours restés prudents avec les biothérapies, craignant la survenue plus importante d'infections et l'émergence de cancers. Le TNF n'est pas seulement une cytokine pro-inflammatoire, il joue aussi un rôle dans la lutte contre les infections. De plus, initialement découvert en cancérologie – d'où le nom qui lui a été attribué (« *Tumor Necrosis Factor* ») –, le TNF aide à détruire les cellules cancéreuses. En s'attaquant au TNF, on fragilise l'organisme face aux infections et on pourrait théoriquement accroître le risque de tumeur.

EFFETS SECONDAIRES

Risque d'infection des voies respiratoires supérieures (pneumonie, tuberculose, bronchite), infections cutanées, exacerbation ou apparition de maladie de Crohn, risque d'infections fongiques (candidoses buccales ou vaginales), cystites, neutropénies (baisse de certains globules blancs), réactions d'hypersensibilité diffuse ou au point d'injection, prurit, céphalées et arthralgies.

RÉTINOÏDES ORAUX

Les rétinoïdes (Acitrétine ou Soriatane®) sont souvent utilisés en association avec le Calipotriol ou les corticostéroïdes topiques. Leurs effets secondaires principaux sont une sécheresse de la peau et des muqueuses. Ils sont utilisés dans un type particulier de psoriasis : le psoriasis pustuleux.

Ces médicaments sont par ailleurs dangereux pour le fœtus en cas de grossesse et doivent être pris seulement avec une contraception efficace.

Le médicament est administré en prise quotidienne par voie orale. Le risque tératogène (risque de malformation du fœtus au cours de la grossesse) implique chez toute femme en période d'activité génitale la réalisation d'un test de grossesse avant le traitement, et l'utilisation d'une contraception fiable commencée avant le traitement, poursuivie durant le traitement et pendant 3 ans après son arrêt.

Les effets toxiques apparaissent lors de prises prolongées à haute dose. La toxicité spécifique dépend du temps et de la concentration d'exposition. Les rétinoïdes peuvent être cytotoxiques en endommageant les membranes cellulaires. Par ailleurs, les rétinoïdes sont des molécules tératogènes, leur administration par voie systémique est donc formellement contre-indiquée durant la grossesse. En effet, la survenue d'une grossesse comporte un risque très élevé de malformations majeures chez le fœtus (microcéphalie, tétralogie de Fallot...). Une surveillance par prise de sang est nécessaire, car il existe souvent une élévation des graisses dans le sang (triglycérides, cholestérol) et parfois des enzymes du foie.

EFFETS SECONDAIRES

Douleurs articulaires, lésions cutanées (sécheresse cutanéo-muqueuse), anorexie, chute de cheveux, hépatosplénomégalie, saignements, pseudo-tumeur cérébrale...

PREMIÈRE GÉNÉRATION

Rétinol

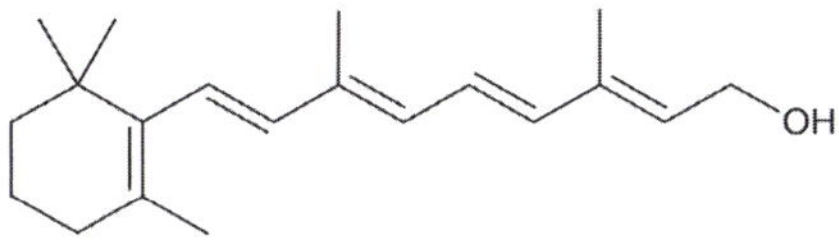

Trétinoïne

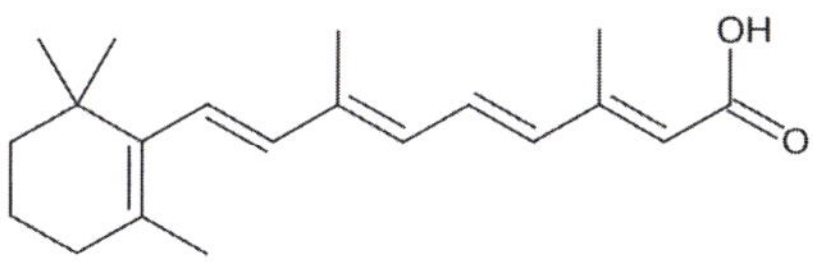

Isotrétinoïne

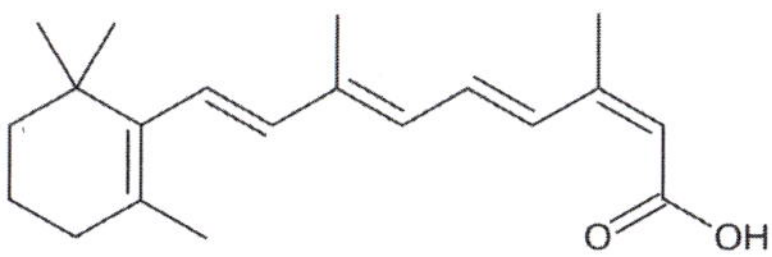

DEUXIÈME GÉNÉRATION

Étrétinate

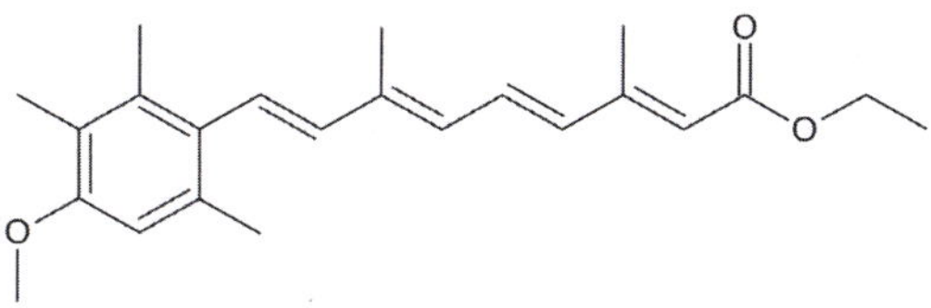

Acitrétine

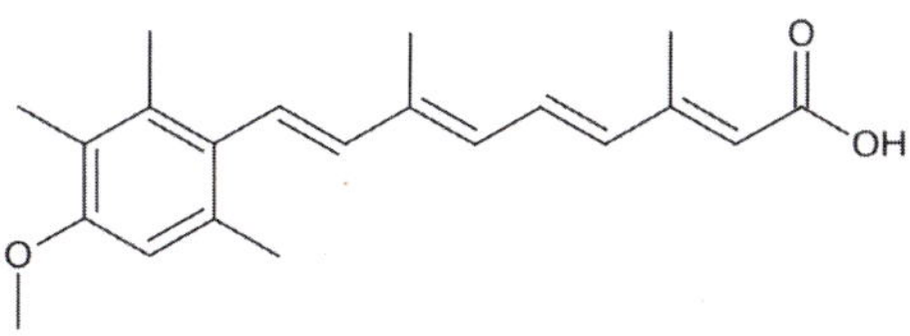

A
T
C
G

LES ENJEUX DE LA RECHERCHE

POUR LE PSORIASIS

Les traitements allopathiques disponibles ne sont pas sans effets secondaires. Ainsi, les biothérapies ne sont pas dénuées d'effets indésirables, avec notamment un risque infectieux en raison de la dépression du système immunitaire qu'elles induisent. En outre, en cas d'arrêt, le psoriasis revient en général après quelques semaines. De nouveaux médicaments sont donc en cours de développement.

Pour développer de nouveaux médicaments plus spécifiques et mieux tolérés, les laboratoires tentent en outre de mieux comprendre les mécanismes pathologiques comme les interactions entre les cellules inflammatoires et les cellules cutanées, ou encore la nature et le rôle des différentes molécules présentes dans l'inflammation.

Aujourd'hui, les travaux de recherche sur le psoriasis se poursuivent avec un double intérêt : caractériser l'anomalie génétique épithéliale responsable de la sensibilité accrue des kératinocytes aux signaux environnementaux activateurs, point de départ de l'inflammation du psoriasis, puis définir les interactions cytokiniques responsables de l'installation du cercle vicieux inflammatoire au sein des lésions cutanées.

AU-DELÀ DU PSORIASIS

L'intérêt de ces travaux dépasse largement le cadre du psoriasis et des dermatoses inflammatoires. En effet, le psoriasis sert de modèle pour comprendre les mécanismes des maladies inflammatoires chroniques comme la polyarthrite rhumatoïde, la maladie de Crohn, l'athérosclérose et le diabète de type 2, et pour développer de nouveaux traitements allopathiques ciblés de ces problématiques.

Ceci explique l'intérêt des médecins, des chercheurs et des industriels dans l'étude du psoriasis, dont les lésions facilement accessibles permettent d'analyser finement les mécanismes inflammatoires et de caractériser rapidement l'effet des solutions potentielles sur cette inflammation.

III.

PSORIASIS ET NATUROPATHIE

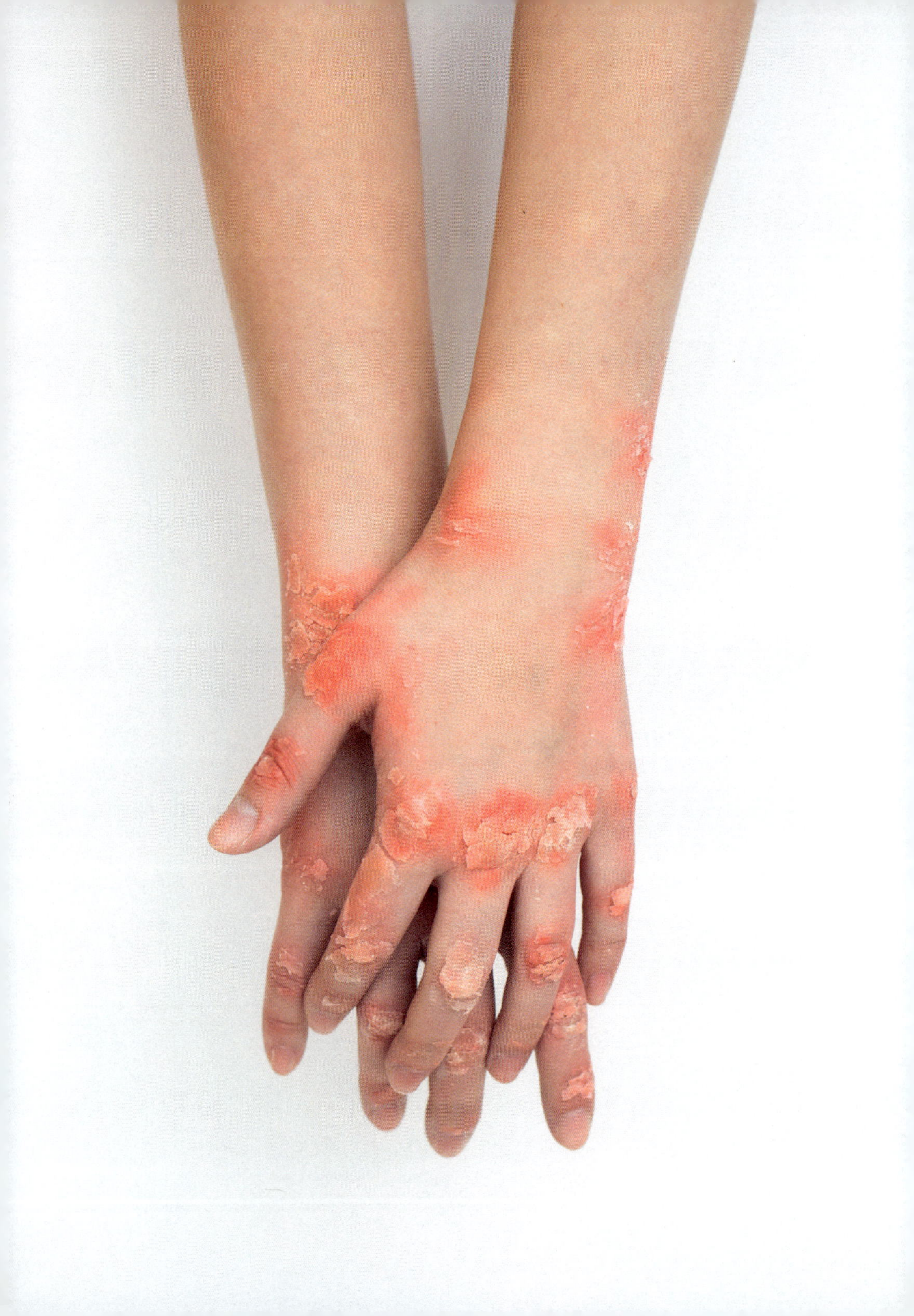

LA VISION NATUROPATHIQUE

LES FONCTIONS DE LA PEAU

Notre peau a diverses fonctions. D'un point de vue naturopathique, nous allons nous intéresser à deux d'entre elles : sa fonction barrière et protectrice, et sa fonction dépurative.

La fonction barrière

Rappelons que la fonction barrière est assurée par l'épiderme. Elle est la première ligne de défense entre notre corps et les agressions de l'environnement extérieur. La fonction première de la peau est donc d'assurer cette mission de protection.

LES 5 FONCTIONS DE LA BARRIÈRE CUTANÉE

- **Fonction physique** : elle offre à la peau une résistance mécanique, un contrôle de la perte d'eau et de l'entrée et de la sortie des molécules extérieures potentiellement toxiques.
- **Fonction hydrique :** il s'agit du film hydrolipidique qui limite la perte en eau de l'épiderme et maintient l'hydratation de la peau. Sans lui, pas de peau lisse, veloutée, rebondie.

- **Fonction antibactérienne :** elle préserve la peau contre les invasions d'agents pathogènes (qui provoquent infections et dérèglements).
- **Fonction antioxydante :** elle protège la peau du stress oxydatif grâce à un système de défense qui protège les cellules en détruisant les radicaux libres en excès.
- **Fonction photo-protectrice :** elle protège la peau des rayons UV grâce à son épaisseur et à la mélanine qu'elle contient et qui limitent la pénétration des UV.

Par ailleurs, la peau est l'organe le plus concerné par l'exposome.

Exposome

L'exposome est un concept récent, évoqué pour la première fois en 2004 par un médecin, le Dr Christopher Wild, directeur du CIRC (Centre international de recherche sur le cancer). Ce n'est toutefois qu'en 2014 que ce terme apparaît pour la première fois officiellement dans une loi de santé publique. L'exposome se définit comme « l'ensemble des expositions non génétiques favorisant l'apparition de maladies chroniques, auxquelles un individu est soumis de sa conception *in utero* à sa mort ».

Il s'agit donc de tous les facteurs liés à notre mode de vie et à notre environnement au quotidien : alimentation, pollution, travail, exposition au stress, au bruit, aux ondes... qui peuvent sur le long terme, être à l'origine de problématiques diverses (cancer, diabète, troubles cardiovasculaires...). Si l'exposome comme on vient de le définir a un impact sur l'ensemble du corps, il est assez logique qu'un organe en particulier subisse ses effets de plein fouet : la peau !

LE TOP 5
DES ENNEMIS DE LA PEAU COMPRIS DANS L'EXPOSOME

1 LA POLLUTION ATMOSPHÉRIQUE ET INDUSTRIELLE

Elle peut engendrer des inflammations profondes altérant le film hydrolipidique. Elle ferait vieillir la peau 10 % plus vite que celles vivant en zones plus protégées.

2 LES RAYONS UV ET LA LUMIÈRE BLEUE

On connaît bien les effets néfastes des rayons solaires, mais moins ceux de la pollution numérique, à laquelle nous sommes pourtant exposés à longueur de journée ! Les écrans diffusent une lumière bleue qui ralentit notre processus de régénération, ternit notre teint en oxydant certaines membranes cellulaires et peut même provoquer des taches pigmentaires.

3 LE SUCRE

Le sucre et tous les aliments surdosés en glucose sont aussi l'un des principaux facteurs de vieillissement prématuré de la peau, à cause du phénomène de glycation, diffusant dans l'organisme des protéines altérant l'élasticité de la peau et engendrant plus de rides et de ridules.

4 LE STRESS

Il provoque un manque d'irrigation de la peau. Elle est moins bien nourrie et se régénère moins bien. Il est aussi à l'origine d'une bonne partie de nos rides d'expression, puisqu'il nous fait faire en continu, de drôles de grimaces ! Il peut également induire des maladies de peau chroniques, comme l'eczéma ou le psoriasis.

5 LE TABAC ET SES INGRÉDIENTS TOXIQUES

Ils dérèglent la synthèse du collagène et de l'élastine, privent le métabolisme d'oxygène et provoquent donc ridules, sécheresse et teint terne.

La fonction dépurative

L'équilibre de la peau est ténu et facilement fragilisé. Tout au long de la vie, la peau accumule des milliards de toxines et de microparticules, elle s'encrasse et son système de défense s'amoindrit.

On sait que notre peau est le rempart de notre corps contre les éléments nocifs de l'environnement extérieur, mais elle est aussi le miroir de notre métabolisme.

En effet, notre peau est l'un de nos principaux émonctoires. Les 2 m^2 de peau qui recouvrent notre corps sécrètent en permanence de la transpiration mais également du sébum, qui a pour fonction d'aider l'organisme à se débarrasser de ses déchets ainsi qu'à réguler la température corporelle et gérer son niveau hydrique.

Les émonctoires

Les émonctoires sont des organes d'élimination. Notre organisme est équipé de 5 organes majeurs impliqués dans les processus d'élimination des toxines et toxiques : on les appelle émonctoires. Ces organes sont en quelque sorte des portes de sorties, ils permettent de libérer des substances indésirables vers l'extérieur du corps.

La preuve de leur fonctionnement apparaît clairement quand le corps réagit en cas d'infection : le rejet des nuisibles se fait par la peau (acné, eczéma, psoriasis), par les voies respiratoires (écoulement nasal, toux), ou encore par les voies digestives (vomissements, diarrhée). Ainsi les principaux organes ou tissus d'élimination sont le foie, l'intestin, les reins, la peau, les poumons. L'utérus est également considéré comme un émonctoire d'ordre secondaire.

La peau et ses réactions sont étroitement liées à l'environnement extérieur ainsi qu'à ce que nous ingérons, mais n'oublions pas un facteur dont le rôle est majeur : nos émotions.

La peau est le miroir de notre santé.

Afin de mieux comprendre le lien entre l'état psychosomatique et l'état de la peau, il est important de comprendre qu'un état émotionnel perturbé apporte un stress oxydatif à nos cellules et en perturbe les fonctions.

Ainsi le psoriasis se voit souvent déclenché, puis alimenté, par un état psychologique et émotionnel qui accentue le déséquilibre métabolique déjà présent, notamment en accentuant les carences en phospholipides par un déséquilibre métabolique de transformation et gestion des acides gras. Cependant d'autres facteurs rarement explorés peuvent être mis en cause dans le psoriasis.

En réalité, le psoriasis a souvent été décrit, mais jamais vraiment défini. Je vous propose une définition fondée sur l'analyse du Dr Pagano, chiropracteur américain ayant consacré sa vie à l'accompagnement du psoriasis aux États-Unis et au Canada :

Le psoriasis est la manifestation externe d'un processus interne de rejet des toxines.

En d'autres termes, en cas de psoriasis, la peau joue le rôle que devraient normalement jouer les émonctoires intestins et reins. Or, en temps normal, la peau ne sert pas à éliminer les déchets en grande quantité. Dans le cadre du psoriasis, en raison de l'excès de toxines généré par l'encrassement de l'organisme, la peau vient seconder ces organes et se charge d'évacuer les toxines, d'où les poussées de psoriasis, les irritations, démangeaisons, lésions…

NOTION DE LONG TERME

Pour l'avoir personnellement vécu, il existe une voie naturopathique d'accompagnement du psoriasis qui permet d'envisager une rémission.

Cependant, je ne vais pas vous mentir, on ne se débarrasse pas du psoriasis en un claquement de doigts, ni en quelques jours, ni en quelques semaines. Cela demande une prise de conscience profonde de la part du consultant et un accompagnement lent et progressif de la part du naturopathe.

L'approche de terrain naturopathique, inspirée par celle du Dr Pagano[(23)], elle-même fondée sur les travaux d'Edgar Cayce (1877-1945), implique en effet une remise en question totale du mode de vie du psoriasique, un conditionnement mental particulier, une large ouverture d'esprit pour aborder et embrasser l'approche holistique dans son ensemble.

C'est toute l'importance du lien corps-esprit mentionné par Platon lorsqu'il évoque la médecine : **« La plus grande erreur des médecins, c'est qu'ils s'efforcent de guérir le corps sans penser à guérir l'esprit. »**

Dans la plupart des cas de psoriasis accompagnés en naturopathie, les échecs sont malheureusement liés à l'impatience de l'individu touché. En effet, les personnes qui sont parvenues à se débarrasser du psoriasis se sont accordées du temps, se sont dévouées corps et âme à leur objectif et ont fait preuve de persévérance. Au-delà du protocole naturopathique, c'est clairement la condition *sine qua non* de la rémission.

> Pas de rémission sans rigueur ni persévérance.
> Le psoriasis ne résiste pas aux meilleurs élèves !

Chaque action
mène à un résultat.
De petits changements
quotidiens mènent pour
finir vers un grand résultat.
La santé n'est pas
un sprint mais une
course de fond.

ORIGINE DU PSORIASIS EN NATUROPATHIE

Hyperperméabilité intestinale

En naturopathie, les travaux du docteur Seignalet (médecin, biologiste et immunologiste) sur la notion d'hyperperméabilité intestinale sont essentiels. Ils décrivent le fait que les jonctions serrées au sein de la muqueuse intestinale se distendent sous l'action d'un état inflammatoire chronique et laissent passer de grosses molécules « poison » issues des aliments que nous ne digérons pas et qui ne devraient pas quitter la lumière digestive.

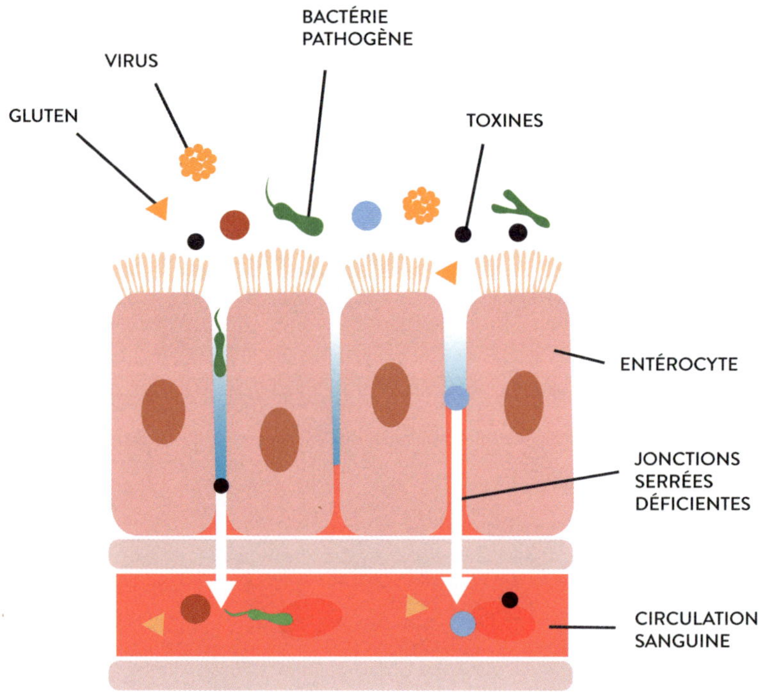

JONCTIONS ENFLAMMÉES FUYANTES

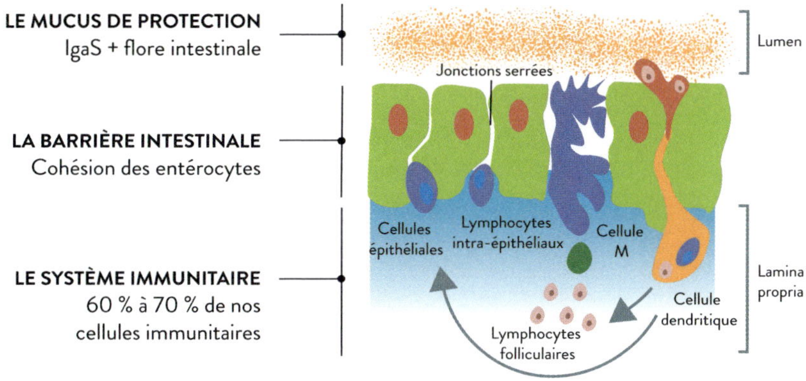

ÉCOSYSTÈME INTESTINAL

MICROBIOTE + MUCUS	ÉPITHÉLIUM	MUQUEUSE
1re barrière	2e barrière	3e barrière

Dans le cas du psoriasis, la muqueuse intestinale n'a plus la capacité de sélectionner ce qui traverse la barrière intestinale et rentre dans nos liquides. De ce fait, un certain nombre d'éléments considérés comme des poisons pénètre dans notre milieu intérieur, créant ce que nous appelons en naturopathie un état d'encrassement, puis de congestion.

Ces états favorisent les problèmes de santé, symptômes issus de notre pollution intérieure. Ces symptômes se manifestent selon un plan bien défini au travers de notre constitution – c'est-à-dire la somme de nos forces et de nos faiblesses organiques issues de notre hérédité, de notre environnement, de la gestion de nos stress, de nos émotions et de notre hygiène de vie depuis notre naissance.

> Dans le cas du psoriasis, s'attaquer aux manifestations externes de la peau ne suffit pas. Car tant que la cause profonde n'est pas identifiée et accompagnée, le psoriasis persiste.

L'hypothèse de l'hyperperméabilité intestinale est mise en avant dans le cas du psoriasis comme problématique à caractère auto-immun et une origine chronique inflammatoire.

Théorie d'Edgar Cayce

Les théories avancées par Edgar Cayce(23) confirment cette orientation. Selon lui, le psoriasis tire son origine du tractus gastro-intestinal, dont la paroi devient fine et poreuse. En termes anatomiques, il précise que cette hyperperméabilité intestinale est particulièrement présente à l'intersection du duodénum et du jéjunum.

En effet, les substances toxiques qui traversent normalement les intestins pour être éliminées dans les selles, exsudent à travers cette paroi, pénètrent le système lymphatique et se déversent dans le système sanguin. Le système de nettoyage naturel de l'organisme, essentiellement le foie et les reins, tente alors de filtrer ces toxines qui s'accumulent dans le

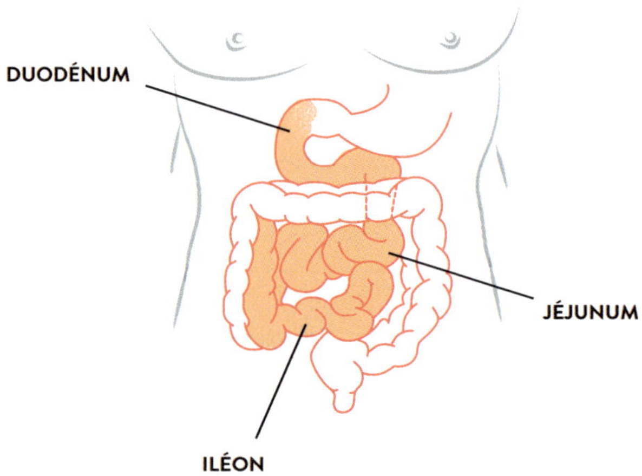

sang. Cela peut prendre un certain temps, mais tôt ou tard, cette accumulation de toxines sera plus importante que ce que les organes filtres sont capables de supporter. À ce stade, le système d'élimination secondaire, ou système de secours, prend le relais. Lorsque le foie, principal organe d'épuration du corps humain est surchargé, il est secondé par la peau, qui l'aide à éliminer les toxines.

Selon le Dr Rona, le syndrome de l'hyperperméabilité intestinale est presque toujours associé à une problématique auto-immune, et la rémission du trouble auto-immun dépend de la rémission de la paroi du tractus gastro-intestinal.

> Dans toute problématique auto-immune, il faut explorer la qualité de la muqueuse intestinale.

Qualité des microbiotes cutané et intestinal

Des anomalies des microbiotes cutané et intestinal ont été mises en évidence dans le psoriasis. Cependant, il semble encore difficile de définir précisément si elles sont la cause ou la conséquence.

S'il est bien un microbiote pluriel, c'est celui de la peau. Variable topographiquement, en fonction de l'âge, du sexe et de l'environnement, ce microbiote est largement impliqué dans la défense de l'organisme mais également, comme son équivalent intestinal, dans la survenue de nombreuses dermatoses, comme le psoriasis.

Le **microbiote cutané** représente l'ensemble des micro-organismes présents sur la peau, totalisant 10^6 germes/cm^2, 500 germes différents et

2×10^6 gènes. Il s'agit du troisième microbiote en importance après ceux de la cavité buccale et du tube digestif (respectivement 21 %, 26 % et 29 % de l'ensemble des micro-organismes du corps humain)[1].

> **Le microbiote cutané prend en effet une part active dans les mécanismes de défense de l'organisme et possède un rôle de formation et de maturation du système immunitaire cutané inné et adaptatif.**

Reconnu par les cellules de Langerhans épidermiques via des Toll-like receptors (TLRs), le système immunitaire active les lymphocytes T naïfs (qui n'ont pas encore rencontré d'antigènes) du système immunitaire adaptatif et les oriente vers la sécrétion de cytokines IL-17. À l'inverse, les kératinocytes épidermiques peuvent directement produire des peptides antimicrobiens, principalement les défensines, pour réguler le microbiote (immunité innée).

Le microbiote cutané est en permanence influencé par des facteurs endogènes et exogènes qui peuvent rompre son équilibre, faire varier son abondance ou sa diversité et induire des problématiques infectieuses, allergiques ou auto-immunes. C'est cette dysbiose qui aggrave les troubles de la fonction barrière cutanée et les troubles inflammatoires sous-jacents comme dans le psoriasis.

Chez l'adulte, quel que soit l'âge, le rôle du microbiote cutané est d'éduquer le système immunitaire et de l'orienter vers un système de tolérance, ce qui est indispensable à un bon équilibre du système immunitaire.

COMPOSITION DU MICROBIOTE DE LA PEAU

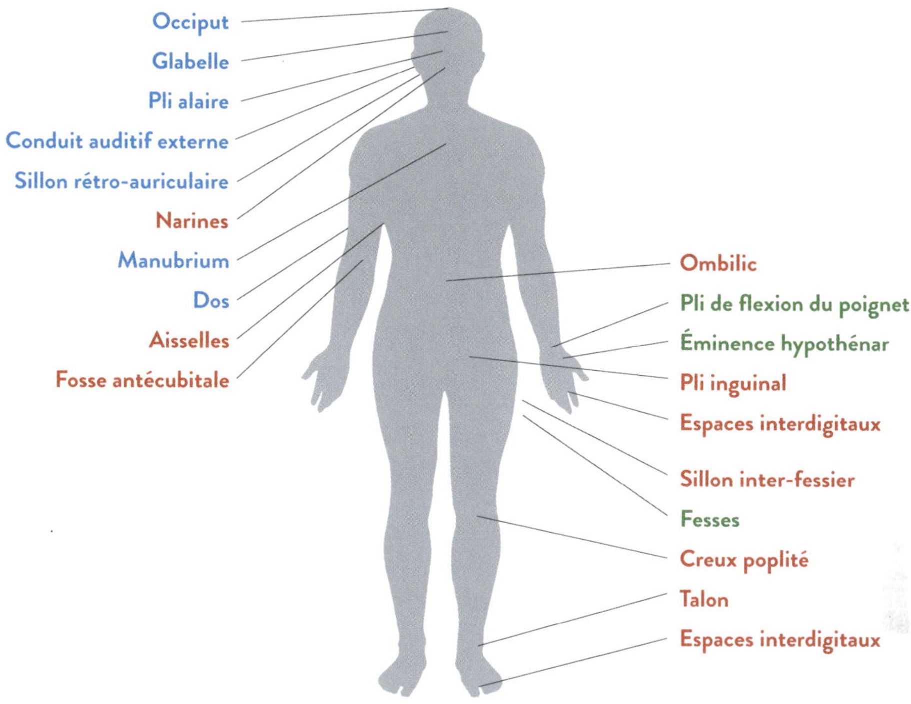

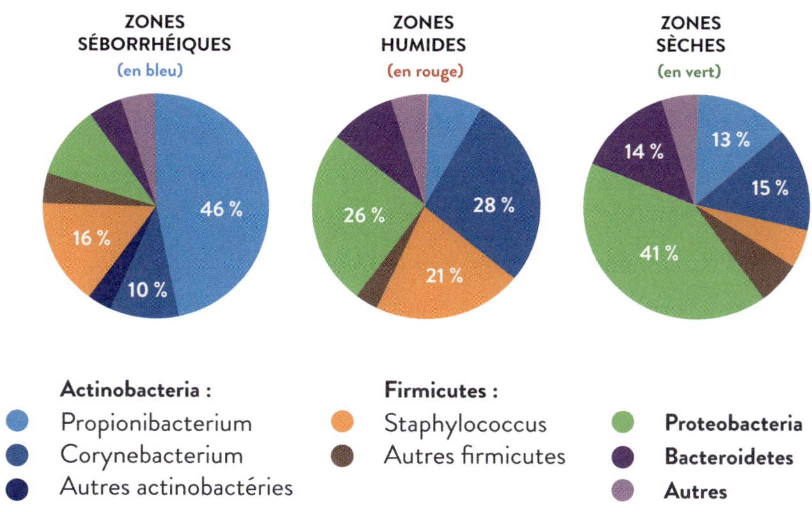

DYSBIOSE INTESTINALE

La dysbiose intestinale se traduit par un déséquilibre de la flore intestinale. Il peut s'agir d'une diminution du nombre de bonnes bactéries ou d'une hausse des mauvaises bactéries. Ainsi, la flore intestinale se trouve perturbée, avec certaines espèces anormalement développées, qu'elles soient à la base de nature dominante ou confinée.

Le microbiote cutané de l'adulte comporte des germes permanents et transitoires avec de grandes variations interpersonnelles et temporelles.

En fait, il est constamment évolutif parce qu'il dépend à la fois des types de kératinocytes et de cornéocytes des couches superficielles de la peau, de l'hydratation, de la sueur, de la couche lipidique et de l'environnement. Changez de climat et de lieu d'habitation, vous modifierez votre microbiote cutané !

> Le microbiote cutané est le moins stable des microbiotes du corps humain[1].

Dysbiose intestinale et psoriasis

Chez les sujets génétiquement prédisposés, le psoriasis peut apparaître à la suite d'événements environnementaux déclenchants comme une infection bactérienne, un traitement antibiotique ou des modifications importantes des habitudes alimentaires. Par ailleurs, il est maintenant établi que les personnes atteintes de psoriasis ont un risque accru de trouble inflammatoire intestinal (essentiellement la maladie de Crohn) ou de lésions histologiques inflammatoires de l'intestin.

> Le psoriasis semble donc aller de pair avec la dysbiose intestinale.

Scher et al.[2] ont ainsi montré que les sujets atteints de psoriasis uniquement cutané avaient des modifications du microbiote intestinal comparables à celles constatées au cours des affections inflammatoires intestinales, à savoir une réduction de la diversité du microbiote intestinal avec diminution d'une bactérie nommée *Akkermansia muciniphila* et diminution relative des genres Parabacteroides et Coprobacillus.

Par ailleurs, des chercheurs ont analysé le microbiote intestinal d'une trentaine de volontaires, dont la moitié souffrait de psoriasis[8]. Les principales différences observées chez les malades portaient sur deux bactéries : *Clostridium citroniae*, beaucoup plus présente, et toujours la bactérie *Akkermansia muciniphila*, nettement moins abondante – comme c'est le cas chez les personnes souffrant d'obésité ou d'une affection chronique de l'intestin.

Eppinga et al.[3] ont également trouvé une similitude entre l'altération du microbiote intestinal du psoriasis et celui de troubles inflammatoires avec une diminution significative de *Faecalibacterium prausnitzii* et une augmentation d'*Escherichia coli*. L'un des mécanismes d'action de cet axe intestin-peau réside peut-être dans la stimulation des lymphocytes Th17 (acteurs majeurs du déclenchement du psoriasis) induite par une dysbiose intestinale comme l'ont démontré Zákostelská et al.[4]

Il est donc aujourd'hui pertinent de s'interroger sur le lien entre psoriasis et dysbiose intestinale, entre psoriasis et microbiote appauvri, et entre psoriasis et hyperperméabilité intestinale – dont l'origine peut être multiple et plurifactorielle.

LES CAUSES DE LA DYSBIOSE INTESTINALE

Naissance par césarienne : le microbiote d'un nouveau-né accouché par voie basse ressemblera à la flore vaginale de sa mère, alors qu'après une césarienne, il sera proche de sa flore cutanée.

Absence d'allaitement.

Antibiothérapie à répétition, responsables de la présence de bactéries, parasites, candidoses, mycoses.

L'alcool et la caféine, très irritants pour les intestins.

La constipation chronique.

Les produits chimiques de l'alimentation industrielle.

Les régimes riches en sucres raffinés : confiseries, pâtisseries, sodas, pain blanc.

Une mauvaise élimination des toxines.

Une mauvaise hydratation quotidienne.

Le tabac.

Une alimentation riche en graisses saturées.

Un mauvais alignement de la colonne vertébrale.

Les émotions négatives, telles que la haine, la peur, l'anxiété, la dépression.

Un excès d'hygiène.

Des facteurs génétiques.

STRATÉGIE NATURELLE

La stratégie alternative de l'accompagnement du psoriasis repose sur des solutions naturelles fondées sur deux principes simples :

- Éliminer les toxines accumulées au sein de l'organisme ;
- Éviter d'introduire de nouvelles toxines !

NETTOYAGE INTERNE DES ÉMONCTOIRES

Dans le cas du psoriasis, il est essentiel d'effectuer un « grand nettoyage » interne, afin de relancer l'énergie vitale de l'organisme. La première phase consiste à évacuer les toxines accumulées et qui ont « encrassé » le sang, les organes et les cellules du corps.

L'évacuation des toxines

Le nettoyage des **intestins**, du **foie** et des **reins** est primordial. En effet, le travail des reins soulage la pression exercée sur le foie, tandis que la vésicule biliaire et les intestins ouvrent le passage aux résidus toxiques. De cette façon, les cellules hépatiques sont soulagées pour effectuer le filtrage et l'épuration du sang et de la lymphe.

HYPERPERMÉABILITÉ INTESTINALE

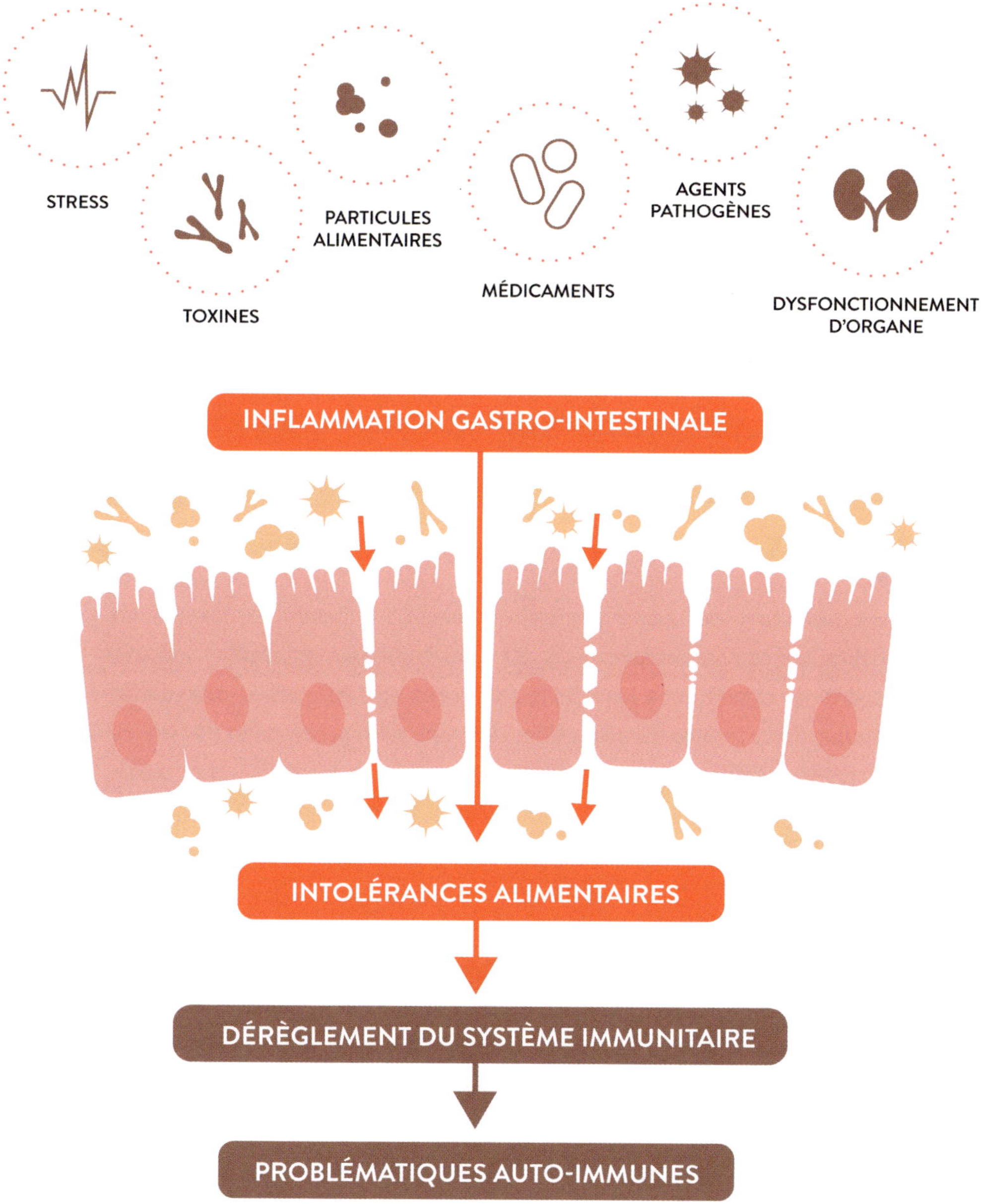

Les reins jouent aussi un rôle important dans l'élimination des toxines, à l'instar du foie et des intestins. Ils filtrent les impuretés contenues dans le sang et les éliminent sous forme d'urine par la vessie.

> Le sang est filtré par les reins
> deux fois toutes les heures.

Vitamines, acides aminés, glucose et hormones retournent dans le système sanguin, l'excédent est éliminé par les urines. Il est en outre essentiel que les reins maintiennent le niveau d'urée en équilibre, produit de dégradation des protéines. Un taux d'urée trop faible dans le sang peut indiquer que le foie ne fonctionne pas correctement. Les reins jouent également un rôle distinctif dans l'équilibre acido-basique, un sujet de préoccupation pour les personnes atteintes de psoriasis.

Les **poumons** jouent également un rôle dans l'élimination des toxines. La fonction spécifique des poumons est d'absorber l'air, d'oxygéner le sang à distribuer dans toutes les cellules du corps et d'évacuer le dioxyde de carbone. Par exemple, des exercices de respiration profonde et de relaxation pratiqués dans le calme, ou la sollicitation du système respiratoire pour l'oxygénation des muscles lors d'un footing, améliorent considérablement la santé physique et mentale d'une personne.

Le **foie** est un organe si remarquable que certaines cultures le considèrent comme le cœur de la vie. Il est impossible de saisir la manière dont l'organisme filtre les toxines sans prendre conscience de l'incroyable tâche accomplie par le foie. Quand le foie ne fonctionne pas bien, les toxines s'accumulent dans le corps et la personne est sujette à des sautes d'humeur et son état de santé se dégrade.

Corrélation des émonctoires foie-peau et rein-poumon

Nous l'avons vu, le foie et les reins sont de puissants organes d'élimination. Pour le foie, la voie d'élimination naturelle s'effectue par les intestins, pour les reins, c'est par la vessie.

Cependant, lorsque le foie est saturé, les toxines sont rejetées dans le sang. De même, lorsque les reins sont enflammés, les toxines sont également déversées dans le sang. Le sang intoxiqué doit se décharger de ses toxines à tout prix, sinon c'est la mort. Voilà pourquoi le corps emprunte des voies d'élimination indirectes ou se sert d'émonctoires secondaires. Les poumons prendront en charge la tâche d'élimination des reins et la peau interviendra pour le foie. Or, les poumons n'assurent pas convenablement la tâche des reins car l'irritation provoquée par l'élimination des toxines peut engendrer de sévères problèmes pulmonaires. De la même manière, si les toxines du foie dérivent et s'éliminent par la peau, cela déclenche des irritations et l'apparition de problématiques de peau telles que le psoriasis.

> La santé ne vient pas à nous, elle vient de nous.

PURGE INTERNE

Principe

La purge interne agit comme un bouton *starter* dans le processus de nettoyage de l'organisme.

Les nettoyages internes sont des pratiques ancestrales que l'on qualifiait – et que l'on qualifie encore ! – de **purges**.

Pratiquées autrefois de manière souvent brutale (saignée, lavements...), les purges ont progressivement été abandonnées avec l'avènement de la médecine moderne et de son arsenal médical capable d'éteindre une multitude de troubles.

Aujourd'hui, les purges se pratiquent de manière plus régulière que dans le temps et sont bien plus douces – tout en restant toujours efficaces.

Dans le cas du psoriasis, la purge interne permet de démarrer par un organisme complètement assaini de l'intérieur jusqu'au niveau cellulaire.

> Tout comme le moteur d'une voiture
> a besoin de vidanges régulières,
> notre corps a besoin de faire
> le grand ménage par moments !

UN GRAND NETTOYAGE APPORTE NOTAMMENT LES 3 BÉNÉFICES SUIVANTS

- Contrecarrer les excès alimentaires et faciliter le transit.
- Se délester de molécules toxiques piégées au sein de notre organisme.
- Clarifier nos humeurs – comprendre ici : nos liquides que sont le sang, la lymphe, la bile.

LES PRÉCAUTIONS D'USAGE

- Ne pas réaliser de purge si on est fatigué, malade, dévitalisé, déminéralisé.
- Ne pas réaliser sur des enfants.
- Attendre un minimum de quatre semaines entre deux purges.
- Prévoir deux ou trois jours de repos pour éliminer en paix.

À L'HEURE ACTUELLE, IL EXISTE DIFFÉRENTES PURGES

- **La purge hydrique** à base de magnésium, idéale sur terrain acidifié ;
- **la purge sèche** à base d'huile de ricin, pour nettoyer la lymphe en profondeur ;
- **la purge mixte** mise au point par Andreas Moritz, qui désencombre le foie et la vésicule biliaire ;
- **d'autres purges** très intéressantes mais que je ne détaillerai pas dans cet ouvrage car elles ne sont pas spécifiques au psoriasis.

L'hydrothérapie du côlon

À mon sens, concernant le psoriasis, la méthode la plus efficace (tout en étant douce) est l'hydrothérapie du côlon. Elle permet de nettoyer en profondeur le côlon sigmoïde, descendant, transverse et ascendant, débarrassant ainsi notre organisme des déchets et toxines, afin d'améliorer ses fonctions naturelles de résorption et d'élimination.

L'hydrothérapie du côlon peut se pratiquer en cabinet spécialisé. Le nettoyage se fait progressivement au fil des séances, en totale adéquation avec la physiologie. Cette réflexologie intestinale rééduque le péristaltisme et libère la région abdominale de ses tensions.

L'hydrothérapie du côlon est sans effets secondaires.

PÉRISTALTISME

Le péristaltisme désigne les contractions musculaires permettant la progression d'un contenu à l'intérieur d'un organe. Concernant le tube digestif, il s'agit de la progression du bol alimentaire (l'ensemble des aliments en cours de digestion) de la bouche (plus précisément du pharynx) jusqu'au rectum (anus).

PROTOCOLE LAVEMENT À DOMICILE

En outre, ce lavement peut être réalisé à domicile. S'il est pratiqué à la maison, la séance se déroulera soit le matin au réveil, soit en fin de journée. Elle dure environ une demi-heure.

Il est recommandé de s'allonger dans un endroit calme, d'effectuer le lavement et de faire des mouvements doux en ramenant les genoux sur la poitrine afin de réaliser de petits cercles. Puis, vous pouvez effectuer un auto-massage du ventre, c'est la manière la plus efficace de stimuler le péristaltisme intestinal pour fragmenter et « décoller » les résidus toxiques qui peuvent adhérer aux parois du côlon.

En complément de l'hydrothérapie

Pour accompagner le processus de nettoyage et potentialiser l'efficacité de l'hydrothérapie, il sera intéressant de compléter votre pratique par :

- Des bains de vapeur, hammam, sauna – favorisant la transpiration.
- Des exercices de respiration profonde.
- Des exercices de méditation et de visualisation positive.
- De la marche, des exercices de relaxation et de respiration, une pratique sportive douce et modérée.
- Boire de l'eau pure.

CONTRE-INDICATIONS

Troubles cardiaques sévères, grossesse, intervention chirurgicale récente de l'abdomen, hémorroïdes, fissures anales, saignements intestinaux.

HYDROTHÉRAPIE DU CÔLON

1. Mettre 2 litres d'eau minérale tiède dans un bock à lavement (acheté en pharmacie) et y ajouter :

   - 2 grosses cuillères à soupe de gros sel bien dissous ;
   - ou 2 litres d'infusion de camomille (on met une poignée, on laisse infuser 10 minutes ; tiédir, filtrer avant le lavement et mettre ces 2 litres d'infusion dans le bock à lavement).

2. Puis s'installer tranquillement dans une pièce où vous ne serez pas dérangé, mettre le bock à 1 mètre au-dessus, bien fixé.

3. Choisir la position dans laquelle on se trouve le plus à l'aise : à « 4 pattes », sur le dos jambes fléchies ou sur le côté gauche en « chien de fusil ».

4. Retirer l'air du tuyau, en faisant arriver l'eau jusqu'au robinet, introduire la canule lubrifiée avec un peu de vaseline dans l'anus et ouvrir le robinet à moitié afin que l'eau entre doucement.

5. Après l'introduction de la canule, l'ouverture du robinet permet l'admission d'un litre de liquide dans la fin du gros intestin.

6. Faire de petits cercles avec les genoux ramenés sur la poitrine et se masser le ventre.

7. L'évacuation se fait immédiatement après la prise du liquide et dure en moyenne 20 minutes.

8. S'accorder un moment de détente après la séance la rendra encore plus bénéfique.

L'hydrothérapie peut également être accompagnée d'une monodiète à base de pommes dont la durée sera de trois jours.

MONODIÈTE

Mono : préfixe qui veut dire seul, unique.
Diète : régime alimentaire particulier.
Monodiète : alimentation pendant un ou plusieurs jours avec un aliment unique.

PROTOCOLE MONODIÈTE DE POMMES

JOUR 1

Au lever, boire un grand verre d'eau chaude avec jus de citron frais.
Puis, après une heure, manger entre 6 et 8 pommes sur la journée.
Le soir, procéder à une hydrothérapie ou à un lavement à la maison.
Puis boire une cuillère à soupe d'huile d'olive pure.

JOUR 2 ET JOUR 3

Suivre les mêmes recommandations que le jour 1, mais effectuer plutôt un lavement doux à domicile plutôt qu'une hydrothérapie.
Pour terminer ce cycle de trois jours, manger l'équivalent d'un demi-litre de yaourt nature biologique afin de reconstituer la flore intestinale.

Ce protocole de monodiète à base de pommes, inspiré des travaux du Dr Pagano, ne convient pas à tout le monde et peut provoquer des troubles intestinaux, des vertiges, fatigues intenses, voire des réactions allergiques dans certains cas. Si c'est le cas, ce protocole est à éviter.

Différentes alternatives au régime à base de pommes peuvent être envisagées ; monodiète à base de raisins, à base d'agrumes ou de fruits frais... qui pourront être réalisés en tenant compte du terrain et de la constitution de la personne.

ALIMENTATION

En 1932, les effets et la valeur intrinsèque d'une alimentation adaptée au psoriasis ont été démontrés par le Dr Jay F. Shamberg, un ancien professeur de dermatologie de l'université de Pennsylvanie (États-Unis). Puis ils ont été soutenus par le Dr John O. A. Pagano, qui n'a observé de rémissions auprès de ses patients psoriasiques que lorsque l'alimentation préconisée était suivie scrupuleusement.

L'impact de l'alimentation sur les problématiques inflammatoires a également été largement étudié par le Dr Seignalet, et confirmé ensuite par divers essais cliniques. Dans son ouvrage *L'Alimentation ou la troisième médecine*, il aborde le psoriasis en proposant son « régime Seignalet » sans gluten, sans produits laitiers et avec des méthodes de cuisson douce.

> Un psoriasique doit comprendre et accepter pleinement le fait que consommer ou éviter certains aliments est essentiel pour sa santé.

Par ailleurs, des études ont montré que l'**alimentation méditerranéenne**, riche en fruits, en légumes et en huile d'olive, raisonnable en viande rouge, fournie en produits de la mer et avec des céréales complètes, améliore significativement le psoriasis et réduit les poussées.

OBÉSITÉ ET PERTE DE POIDS

Surpoids, obésité et psoriasis semblent liés. Une récente et large étude norvégienne baptisée HUNT[15] a permis d'apporter un nouvel éclairage sur cette question et de confirmer l'importance des règles hygiéno-diététiques dans la prévention et la prise en charge du psoriasis.

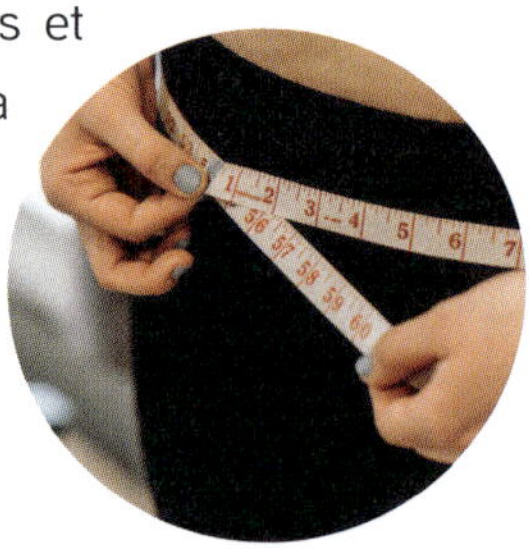

Cette étude a en effet démontré qu'une diète faible en gras et hypocalorique menant à une perte de poids peut réduire la gravité du psoriasis. L'obésité est particulièrement fréquente chez les personnes ayant une forme sévère. Les résultats ont montré qu'une personne obèse avait un risque augmenté de 87 % de développer un psoriasis, par rapport à une personne ayant un IMC normal. Ce qui prouve la corrélation de l'affection à l'IMC (indice de masse corporelle) et au périmètre abdominal (marqueur de l'obésité abdominale) [16].

> Il semblerait qu'une perte de poids d'au minimum 2 kg chez les personnes obèses ou en surpoids permette de diviser par deux le risque de développer un psoriasis par rapport aux personnes n'ayant pas perdu de poids.

Par ailleurs, dans une étude publiée en 2013, des chercheurs ont fait suivre une diète hypocalorique pendant 8 semaines à des participants et ces derniers ont non seulement perdu du poids, mais ils ont également connu une diminution de la gravité de leur psoriasis[14]. Les chercheurs émettent l'hypothèse que l'obésité augmente l'inflammation dans le corps, ce qui pourrait aggraver le psoriasis.

La prise en charge du surpoids et de l'obésité semble donc essentielle dans les stratégies de prévention du psoriasis, en particulier dans les familles prédisposées à cette problématique auto-immune. Elle est également capitale chez les personnes souffrant déjà de psoriasis pour atténuer la sévérité des atteintes, mais aussi pour garantir une meilleure efficacité de l'accompagnement dermatologique et des approches alternatives.

IMPORTANCE DE L'EAU

- En moyenne, on considère que le corps humain contient autour de 65 % d'eau.
- La proportion d'eau dans le corps dépend de l'âge, du sexe et de l'état de santé de chacun.
- Plus nous vieillissons, plus ce pourcentage diminue.

L'eau est essentielle à tous les processus chimiques du corps humain. Sans cet élément universel grâce auquel les interactions biologiques s'accomplissent, la vie est impossible. L'eau est, entre autres, la substance purifiante du corps la plus importante : elle chasse les toxines, accélère le renouvellement cellulaire, participe au métabolisme de l'organisme, hydrate les tissus, nettoie les reins, favorise le péristaltisme intestinal, maintient la température corporelle du corps et équilibre les liquides organiques.

Comment et en quelles quantités l'eau est-elle éliminée chaque jour ?

ENTRE 1 LITRE ET 1,5 LITRE PAR VOIE URINAIRE

0,1 À 0,2 LITRE PAR LES SELLES

0,5 À 1 LITRE PAR LA TRANSPIRATION

0,3 LITRE PAR LA RESPIRATION

La règle d'or est de ne pas attendre d'avoir soif pour boire. Chez une personne souffrant de psoriasis, il est primordial d'être correctement hydraté.

Quelle quantité d'eau doit-on boire par jour ?

Sachant qu'un individu de taille moyenne perd chaque jour entre 1 l et d'1,5 litre d'eau par les urines et un autre litre par la sueur, les selles et la respiration, il est recommandé de boire entre 1 l et 1,5 l d'eau auxquels s'ajoute l'eau des aliments (fruits, légumes) qui correspond à environ 1 l d'eau par jour. Cette quantité d'eau varie selon l'endroit où l'on vit (dans les pays chauds, les besoins en eau sont plus élevés), si l'on pratique une activité physique, en cas d'allaitement ou en cas de problème de santé.

3 astuces pour évaluer ses besoins

- **Le remplacement :**
  il s'agit d'évaluer la quantité d'urine rejetée chaque jour (soit environ 1 l-1,5 l chez un adulte), puis d'ajouter 1 l d'eau dépensée pour le métabolisme

(pour une personne ayant une activité physique moyenne). La perte totale s'élève à 2,5 l. Sachant que l'eau fournie par les aliments couvre environ 20 % de nos besoins, il reste 2 l à consommer sous forme d'eau, de bouillon et autres boissons chaudes et froides.

- **8 verres d'eau par jour :**
  boire 8 verres de liquides (eau, bouillon...) d'une contenance de 25 cl chaque jour permet de couvrir l'équivalent de 2 litres d'eau.
- **Les recommandations nutritionnelles :**
  en France, on recommande de boire entre 1 l et 1,5 l d'eau par jour (auxquels s'ajoute l'eau contenue dans les aliments). À cette consommation de base, il faut ajouter 0,5 l d'eau par degré au-dessus de 38 °C.

Les recommandations de l'EFSA (European Food Safety Authorithy)

Les autorités de santé européennes ont établi que la contribution des aliments dans les apports totaux en eau représente environ 20 % chez l'adulte. Sur cette base, il est estimé que les hommes devraient boire en moyenne environ 2 l par jour et les femmes 1,6 l.

Il est en outre recommandé d'opter pour une eau faiblement minéralisée et dont le résidu sec est inférieur à 500 mg par litre.

Si vous souhaitez limiter votre consommation d'eau en bouteille plastique, un système de filtration d'eau à domicile peut constituer une bonne alternative, au vu des divers additifs chimiques et polluants contenus dans l'eau de ville aujourd'hui.

CONSEIL

Boire en petites quantités tout au long de la journée.
Augmenter sa consommation en cas de chaleur,
de fièvre ou de pratique d'un exercice physique.

Source : Centre d'information sur l'eau.

L'ÉQUILIBRE ACIDO-BASIQUE

L'équilibre acido-basique est une sorte de balance de l'organisme qui permet de réguler son pH afin de maintenir l'homéostasie. L'homéostasie, c'est l'équilibre dynamique global du corps, qui lui permet de fonctionner de façon optimale. En d'autres termes, notre organisme tente systématiquement de maintenir et de ramener les différentes constantes physiologiques (température, débit et pH sanguin, tension artérielle, etc.) à des niveaux qui ne s'écartent pas de la normale.

L'importance du pH

Le sang lui-même doit toujours être légèrement alcalin, avec un pH situé entre 7,3 et 7,5, afin de maintenir l'organisme dans son homéostasie et garantir une bonne immunité. L'immunité est essentiellement préservée par les défenses naturelles du corps et est influencée à la fois par l'alimentation et par les émotions.

> L'acidose de l'organisme
> est caractérisée par un pH de 7,35 ou moins.
> L'alcalose de l'organisme
> est caractérisée par un pH de 7,45 ou plus.

Bien qu'apparemment légères, ces différences numériques peuvent être très graves, voire mortelles. D'ailleurs au sein même de cette fourchette, des études ont prouvé que lorsque le pH du sang est très proche de la limite inférieure (7,35), tout en restant « dans les normes », des troubles peuvent

survenir. On appelle cela l'acidose métabolique de bas grade[17], notion particulièrement intéressante dans le cas du psoriasis.

QUELLE EST LA CAUSE DE L'ACIDOSE DE BAS GRADE ?

L'acidose de bas grade survient lorsque nos reins et nos poumons ne peuvent pas maintenir l'équilibre du pH de notre corps. De nombreux processus du corps produisent de l'acide tous les jours. Les poumons et les reins peuvent généralement compenser de légers déséquilibres de pH, mais certains facteurs chroniques entraînent une accumulation excessive d'acide dans notre corps : en premier lieu, l'alimentation acidifiante, mais aussi le stress, les médicaments, l'alcool, le tabac, une mauvaise respiration, etc.

PRINCIPALES RAISONS DE L'ACIDOSE – QUELLES SONT LES CONSÉQUENCES DE L'ACIDOSE DE BAS GRADE ?

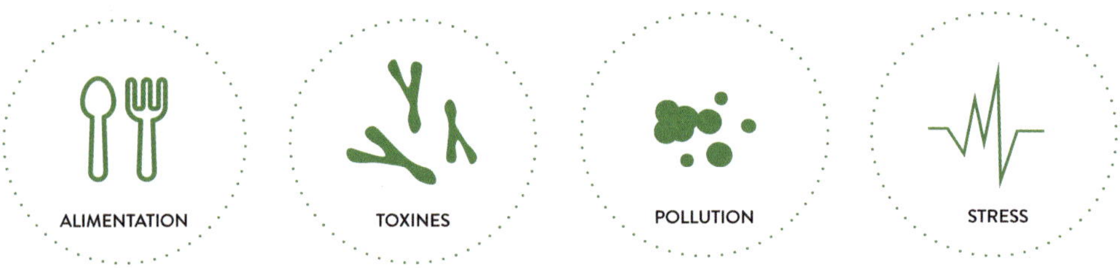

Lorsque notre corps devient trop acide, un ensemble de réactions en chaîne se produit pour le rendre plus alcalin. L'organisme doit alors puiser des minéraux basifiant (exemple, le calcium ou le magnésium) là où il en trouve, ce qui a pour conséquence, à long terme, de provoquer une déminéralisation et l'apparition de troubles chroniques (ostéoporose, inflammations, MICI (troubles inflammatoires chroniques de l'intestin), dysfonction rénale, tendinites, troubles hépatiques, etc.), dont le psoriasis fait partie.

> Toute la stratégie d'accompagnement du psoriasis repose sur le concept de pH.

Pour combattre cette acidification, dont le psoriasis n'est que la résultante, l'alimentation joue un rôle essentiel. En effet, l'alcalinité des aliments choisis permettra de soulager à plus ou moins court terme le caractère inflammatoire de cette problématique de peau.

LES SIGNES D'UNE ACIDIFICATION DE L'ORGANISME

- Troubles ou inflammations.
- Affections de la peau : eczéma, psoriasis.
- Douleurs musculaires ou courbatures fréquentes.
- Raideur articulaire au réveil.
- Apparition de taches de vieillesse sur la peau.
- Peau grasse, surtout sur le visage.
- Fatigabilité, moins bonne résistance au froid, augmentation de la sensibilité à la douleur, installation d'une fatigue chronique, épuisement du système nerveux.
- Langue chargée, mauvaise haleine matinale, aigreurs digestives.
- Perte de cheveux, ongles cassants.
- Caries, ostéoporose, déminéralisation des os.
- Affaiblissement du système immunitaire.

> « Les noms des innombrables maladies n'ont aucune importance. Ce qui importe, c'est qu'elles proviennent toutes de la même cause : trop de déchets acides dans les tissus de l'organisme ! »
> Dr Theodore Baroody

Le PRAL, ou *Potential Renal Acid Load*, est un indice de l'alcalinité et de l'acidité des aliments.

INDICE PRAL

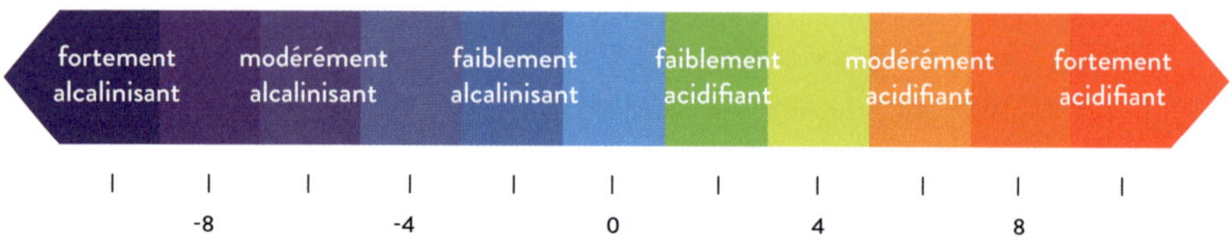

BON À SAVOIR

Il est important de noter que la tendance à la formation de sous-produits acides ou alcalins d'un ingrédient dans le corps n'a rien à voir avec le pH réel de l'aliment. Exemple : un agrume comme le citron possèdent un pH acide, mais l'acide citrique a en fait un effet alcalinisant pour le corps. Le citron n'est donc pas un aliment acidifiant.

- **Les composants alimentaires qui libèrent des précurseurs d'acides** après leur métabolisme sont le phosphore et les protéines (principalement les acides aminés soufrés, tels que la cystéine, la méthionine et la taurine, ainsi que les acides aminés cationiques tels que la lysine et l'arginine).
- **Les nutriments précurseurs d'alcalinité** sont le potassium, le magnésium et le calcium.

Les éléments alcalinisants et acidifiants

Les aliments alcalinisants sont essentiellement les fruits et les légumes.

BIENFAITS, VERTUS ET EFFETS D'UNE ALIMENTATION ALCALINE

Protège la fonction rénale

- Protège les reins des lésions.
- Évite la dialyse.
- Diminue le risque de problématique rénale chronique.
- Évite la formation de calculs rénaux.

Favorise la santé musculosquelettique

- Protège de la fonte musculaire.
- Prévient l'ostéoporose.
- Favorise le statut osseux en calcium.
- Favorise le statut protéique.

Combat l'hypertension

- Diminue la pression systolique.
- Prévient les pics de tension.

Combat le diabète

- Diminue la résistance à l'insuline.
- Diminue de 22 % le risque de diabète de type 2.
- Protège le foie.
- Diminue les risques de stéatose hépatique.

Protège des problématiques cardiovasculaires

- Réduit les facteurs de risque cardiovasculaire.
- Réduit le risque cardiovasculaire athérosclérotique de 10 %.
- Réduit le risque coronarien de 20 %.

Aide à lutter contre le cancer

- Inhibe les métastases.
- Augmente l'efficacité des chimiothérapies.

Action immunostimulante

- Meilleure alimentation pour le microbiote.
- Combat l'immunodéficience.
- Limite le risque de diminution des globules blancs.

Lutte contre les tendinites

- Un terrain acide favorise la tendinite.
- L'acidose métabolique permet la calcification de la tendinite.

Action anti-âge

- Évite la diminution du gène klotho.
- Améliore l'activité de la télomérase.

Combat les inflammations

- Crise de goutte.
- Arthrite.
- Rhumatismes.
- Problèmes de peau (eczéma, psoriasis).
- Rhumatismes psoriasiques.

Les alcanisants ont pour rôle de contrebalancer les effets des aliments acides dans l'organisme.

On privilégiera au maximum les aliments bruts et non transformés. Les aliments à favoriser pour « basifier » son corps sont les suivants :

LES ALCALINISANTS

- Aliments bruts et non transformés.
- Les légumes bio de saison, surtout les légumes verts.
- Les crudités, riches en minéraux.
- Les jus de fruits frais pressés.
- Les fruits frais ou cuits.
- Les jus de légumes à partir de carottes, céleri, betteraves, persil, laitue romaine... passés à l'extracteur de jus.
- Le jus de citron fraîchement pressé dans un verre d'eau chaude ou froide.
- Les épices.
- Les graines germées.
- Les algues riches en chlorophylle (spiruline, chlorella).
- L'eau minérale.
- L'exercice physique en plein air.
- Aller à la selle chaque jour.
- Les émotions positives : la confiance en soi, la gentillesse, l'humour, la joie, le pardon.

IMPORTANCE DE L'ÉQUILIBRE ENTRE LES ALIMENTS ACIDES & LES ALIMENTS ALCALINS

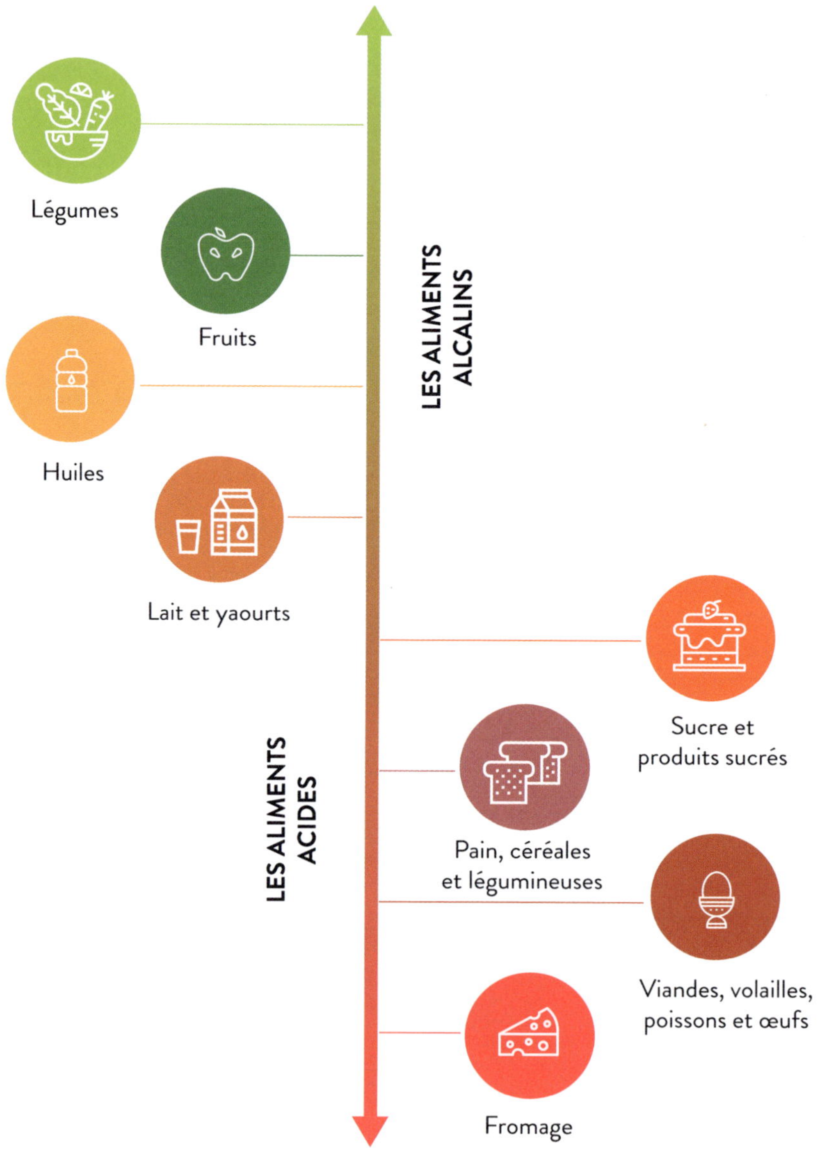

LES ACIDIFIANTS

- Les aliments plus lourds et plus solides :
- Protéines, féculents, sucres, graisses, huiles, viandes, céréales, fromage, sucre, beurre, crème, charcuteries...
- Aliments industriels contenant des conservateurs, des arômes artificiels, des colorants, des additifs.
- L'alcool et le tabac.
- La drogue.
- La constipation.
- L'inactivité mentale ou physique.
- Les émotions négatives : l'insécurité, la crainte, l'inquiétude, l'anxiété, la jalousie, l'amertume, la haine, les sentiments d'infériorité, les pensées destructrices en général.

On peut considérer que les aliments alcalins sont plus facilement décomposés, digérés et assimilés par l'organisme. Ils évoluent comme des « cathartiques naturels » et permettent un nettoyage du tube digestif (de l'estomac au côlon).

La plupart des fruits ont une action alcalinisante au sein de l'organisme. Cependant, une attention particulière doit être portée aux fruits acidifiants qu'il faudra limiter : fruits pas mûrs, agrumes (pour les personnes frileuses), prunes, fruits au goût acide (fruits de la passion, baies, certaines variétés de pommes acides comme la Granny Smith) et aux fruits à tendance histaminique comme la fraise, le kiwi et l'ananas, qui peuvent « alimenter » ou maintenir le caractère inflammatoire du psoriasis.

> **La plupart des légumes ont également une action alcalinisante au sein de l'organisme, à l'exception de l'artichaut, la tomate, l'oseille, la rhubarbe, les choux de Bruxelles et la choucroute, qui sont acidifiants.**

En termes de proportions, il sera recommandé de manger trois légumes qui poussent au-dessus du sol (laitue, céleri, épinard, brocoli, etc.) pour un légume qui pousse en dessous du sol (carottes, betteraves, pommes de terre douces, oignons, etc.).

Les légumineuses telles que les haricots secs, les haricots rouges, les pois chiches et lentilles sont acidifiantes[23]. On peut toutefois en consommer en petite quantité.

Parmi les condiments, les légumes conservés au vinaigre, la moutarde, les pickles, les câpres sont acidifiants... Pour la vinaigrette, préférer le jus de citron, moins acidifiant que le vinaigre.

Parmi les boissons, tous les sodas, café, thé noir, alcools sont acidifiants.

Parmi les corps gras et oléagineux, toutes les graisses d'origine animale (beurre, crème, saindoux par exemple), les huiles végétales hydrogénées, raffinées, transformées, durcies (margarine), toutes les sauces et produits industriels (mayonnaise, ketchup, sauces préparées...) sont acidifiants.

Certains oléagineux sont plus acidifiants que d'autres : les noix sèches, pistaches, noisettes, cacahuètes, noix de pécan, pépins de courge, graines de tournesol... Les pignons de pin, sésame, noix de coco, noix de cajou, les amandes sans la peau, noix du Brésil et olives noires à l'huile ou nature sont au contraire plus alcalinisants.

Tous les plats préparés et les boîtes de conserve sont acidifiants.

AUTRES FACTEURS ACIDIFIANTS

Savez-vous que lorsque vous mangez trop d'aliments acidifiants, cela augmente votre stress ? De la composition de vos menus varient votre stress, vos angoisses, votre anxiété.

> **Pire, le stress est encore plus acidifiant que les aliments acidifiants !**

Il sera donc important de tenir compte de ce facteur lors d'un rééquilibrage alimentaire, sous peine de perdre en efficacité. Puisque l'alimentation est intimement liée à l'émotionnel – nous avons tendance à manger quand nous sommes tristes, en colère ou que nos besoins n'ont pas été comblés –, il est également essentiel d'explorer la part de nous-même qui nous amène à manger des aliments « doudous » qui ne nous conviennent pas et participent à l'entretien ou au développement du psoriasis.

Le psoriasique est une personne, pas un problème de peau. La santé mentale est à prendre en compte.

Le ratio 80/20

Les personnes atteintes de psoriasis et de rhumatisme psoriasique doivent observer un ratio 80/20. C'est-à-dire une alimentation quotidienne composée de 80 % d'aliments alcalins et 20 % d'aliments acidifiants. Sachez que dans l'alimentation moderne, les proportions sont souvent inversées.

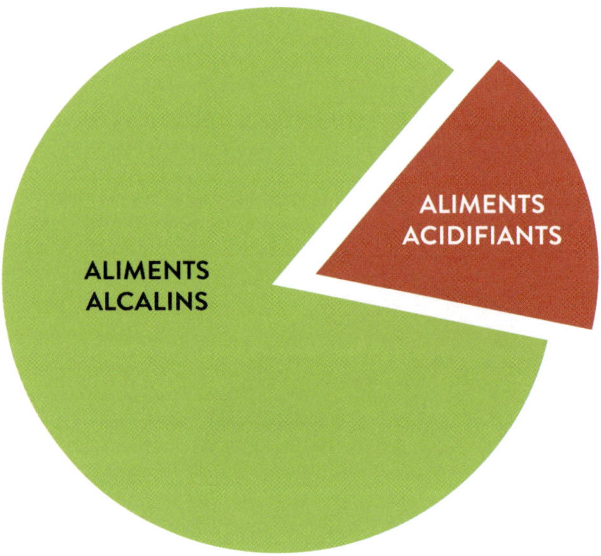

Ainsi, pour veiller à cet équilibre, gardez à l'esprit quelques règles pour bien associer vos aliments :

LES 5 RÈGLES IMPORTANTES POUR VOTRE ASSIETTE

RÈGLE N° 1

Évitez d'associer protéines et féculents (exemple : poisson et riz, viande et pâtes, fromages et pain...) sans y ajouter une grande quantité de légumes verts.

RÈGLE N° 2

Prenez l'habitude d'associer des légumes verts avec les viandes, un fruit et de la salade avec le fromage.

RÈGLE N° 3

Si vous faites un écart dans votre repas, compensez-le par une prise de légumes au repas suivant. Exemple : si vous mangez un sandwich le midi, préparez-vous une soupe de légumes le soir.

RÈGLE N° 4

La répartition des aliments est importante mais leur quantité également (ratio 80/20 : 80 % alcalinisants, 20 % acidifiants). Si vous répartissez dans une assiette 1/3 de légumes, 1/3 de fruits frais et 1/3 de protéines, votre menu sera parfaitement en équilibre acide-base.

RÈGLE N° 5

Incorporez à chaque fois que possible, des fruits et légumes dans vos repas.

LA PLACE DES VITAMINES

Certains nutriments jouent un rôle majeur dans la protection de la peau. Parmi eux, les vitamines ont toute leur place pour aider à réduire les effets du psoriasis – et plus largement des affections cutanées.

La vitamine A

La vitamine A (ou rétinol) est l'un des actifs les plus complets qui existent ! Elle contribue à activer le renouvellement cellulaire. Elle facilite également l'hydratation de la peau et permet de stimuler la production de collagène. La vitamine A augmente également la tolérance de la peau au soleil. Elle a donc une action préventive contre les dommages causés par les UV. Par ailleurs, elle aide à apaiser les démangeaisons et à limiter la sécheresse cutanée du psoriasis.

Elle est particulièrement recommandée dans la lutte contre le psoriasis en goutte et en plaque.

Dans l'assiette, on trouve la vitamine A dans le jaune d'œuf, le beurre, le foie, les huiles de foie de poisson.

Les vitamines B

LA VITAMINE B3

Si la vitamine B3 (ou PP, ou niacinamide) améliore la texture de la peau, estompe rides et ridules, resserre les pores dilatés ; elle possède également des propriétés antioxydantes, antibactériennes et des propriétés anti-inflammatoires qui apaisent les peaux sensibles, réduit les irritations et les rougeurs du psoriasis. Par ailleurs, la niacinamide renforce et restaure la barrière cutanée en stimulant les lipides qui maintiennent l'eau au cœur de la peau et assure ainsi sa bonne hydratation.

Dans l'assiette, on trouve la vitamine B3 dans les arachides, les viandes blanches, le foie de veau, les céréales, le thon et le saumon.

LA VITAMINE B5

La vitamine B5 (acide pantothénique) est apaisante et émolliente. Elle est recommandée pour les peaux sèches et hyper-réactives car elle participe à l'hydratation de la peau en reconstruisant le film hydrolipidique qui permet d'éviter la perte en eau. Elle agit sur la synthèse des protéines et des lipides, aidant ainsi aux processus de cicatrisation et à la réparation des zones de desquamations typiques du psoriasis. De plus, elle possède des vertus anti-inflammatoires et favorise la régénération des tissus et des muqueuses.

Dans l'assiette, on trouve la vitamine B5 dans le céleri, l'avocat, le chou-fleur, les produits laitiers, les abats, les céréales complètes.

LA VITAMINE B6

La vitamine B6 aide à réguler la croissance cellulaire et protège la peau contre les dommages psoriasiques. Cette vitamine réduit le risque de poussées de psoriasis et prévient l'accumulation excessive de cellules cutanées. Elle aide à réduire les démangeaisons et les desquamations, et protège également contre l'apparition de rhumatisme psoriasique. La vitamine B6 intervient également comme agent antistress – sachant que le stress est un facteur aggravant du psoriasis.

Dans l'assiette, on trouve la vitamine B6 dans les volailles, les poissons gras, les pois chiches, les bananes et les champignons shiitaké.

LA VITAMINE B12

La vitamine B12, également connue sous le nom de cobalamine, joue un rôle majeur dans le processus de division cellulaire. Elle contribue au métabolisme énergétique de l'organisme, à de nombreuses réactions de la synthèse des acides aminés, acides nucléiques et participe à la formation des globules rouges ainsi qu'au bon fonctionnement du système immunitaire. La vitamine B12 normalise par ailleurs le fonctionnement du foie et du système nerveux. L'efficacité de la vitamine B12 est renforcée lorsqu'elle est associée à d'autres vitamines du groupe B, particulièrement la B6 et la B9. Des chercheurs ont découvert que les personnes qui souffrent d'arthrite psoriasique ont des carences en vitamine B12.

Cette vitamine se trouve surtout dans les produits d'origine animale, notamment les abats et les crustacés, les œufs, le fromage. Certains produits d'origine végétale en contiennent, comme le miso ou la spiruline.

La vitamine C

La vitamine C est un excellent antioxydant. Elle est incontournable pour accompagner le psoriasis car si elle participe au renforcement du système immunitaire, elle stimule également la production de collagène et aide à maintenir la santé de la peau. En effet, la vitamine C consolide les vaisseaux sanguins, accélère les processus de cicatrisation, hydrate la peau, et réduit également le risque de douleurs, de démangeaisons et d'inflammation de la peau, mais aussi des articulations associées au rhumatisme psoriasique.

Dans l'assiette, on retrouve la vitamine C dans les agrumes, le poivron, le kiwi, les légumes à feuilles vertes, les baies, les brocolis...

La vitamine D

Les personnes atteintes de psoriasis présentent des valeurs de vitamine D plus faibles que le reste de la population. Une étude italienne a mis en évidence que le déficit en vitamine D au cours de l'hiver (les carences sont souvent en rapport avec une exposition insuffisante au soleil) concerne 81 % des personnes touchées, alors qu'il n'est constaté que chez 30 % des participants en bonne santé.

Dans ces circonstances, lutter contre un déficit en vitamine D pourrait représenter une approche intéressante contre le psoriasis. En outre, il est particulièrement difficile de faire le plein de cette vitamine en hiver sous les latitudes tempérées et les sources alimentaires sont peu nombreuses.

Si les effets de la supplémentation en vitamine D en cas de psoriasis ont peu été examinés à ce jour, une étude(32) a tout de même apporté un éclairage à ce sujet. Une dose massive de 35 000 UI (unités internationales) de vitamine D3 a été administrée à 9 personnes atteintes de psoriasis pendant 6 mois, en complément d'une alimentation pauvre en calcium. Les symptômes se sont atténués. Cette forte dose, qui dépasse le seuil maximal quotidien considéré comme sûr de 10 000 UI, pourrait être nécessaire en cas de problématique auto-immune pour atteindre une concentration suffisante au sein des cellules immunitaires.

Un rapport publié dans la revue *Science Transnational Medecine* en mai 2011 a démontré que la vitamine D est favorable pour aider à contrer la réponse du corps à l'inflammation associée au psoriasis.

Par voie orale, la vitamine D peut être prise en toute sécurité à des doses quotidiennes allant jusqu'à 5 000 UI. Certains experts recommandent jusqu'à 10 000 UI par jour pour corriger une carence.

Les sources alimentaires de vitamine D comprennent l'huile de foie de morue, les poissons gras comme le saumon, le maquereau, le thon. À un moindre degré, la vitamine D est présente dans le lait, le beurre, le jaune d'œuf, le foie de veau et certains champignons.

La vitamine E

La vitamine E (tocophérol) est un puissant antioxydant qui soutient notre système immunitaire et protège notre corps contre les radicaux libres qui peuvent aggraver les manifestations du psoriasis.

La vitamine E aide à renforcer les vaisseaux sanguins, réduit l'inflammation, améliore la circulation sanguine, soulage la douleur et l'inconfort des lésions psoriasiques.

Elle peut également prévenir de futures poussées de psoriasis et réduire le risque de rhumatisme psoriasique. Par ailleurs, chez un grand nombre de personnes atteintes de psoriasis, le taux de sélénium (qui lui aussi est un puissant antioxydant) dans le corps est réduit.

Selon une étude, l'ajout de vitamine E au régime alimentaire aide à augmenter le taux de concentration de sélénium chez les personnes souffrant de psoriasis.

Étant donné que la vitamine E et le sélénium sont des antioxydants, ils aident également à protéger notre corps contre le stress oxydatif qui accompagne généralement le psoriasis.

Dans l'assiette, on trouve la vitamine E dans l'huile d'olive, l'huile de tournesol, l'huile de germe de blé, l'huile d'argan et l'huile de pépins de raisin. Les graines de citrouille et les épinards sont les produits alimentaires les plus riches en vitamine E.

LES ALIMENTS À PRIVILÉGIER

Les aliments riches en fibres

En cas de psoriasis, les fibres sont fortement recommandées.

Les **fibres solubles** aident à contrôler le taux de cholestérol dans le sang et à maintenir des taux de sucre stables.

Les **fibres insolubles** aident à stimuler l'action péristaltique intestinale, nettoient les parois de l'intestin et préviennent la constipation.

Les aliments riches en fibres sont les céréales complètes, les fruits et légumes frais (haricots verts, chou-fleur, carottes, laitue, patate douce, céleri...), les légumineuses.

Les aliments riches en antioxydants

Une étude turque[33] révèle que les personnes atteintes de psoriasis ont des niveaux sanguins plus faibles de **glutathion**. Les scientifiques ont donc émis l'hypothèse qu'une alimentation riche en antioxydants pourrait aider à diminuer les manifestations du psoriasis.

Le glutathion est considéré aujourd'hui comme le plus important des antioxydants. Il a en effet une capacité très puissante à lutter contre les dégâts du stress oxydatif et les effets néfastes des radicaux libres qui sont à l'origine de nombreux dommages cellulaires et auxquels le psoriasis est particulièrement sensible.

Agissant par ailleurs comme cofacteur d'enzymes antioxydantes, le glutathion a aussi la capacité de stimuler et renforcer le système immunitaire. En effet, il participe à la transformation de la forme oxydée de l'acide ascorbique en vitamine C, ce qui stimule son pouvoir antioxydant, et participe aussi à restaurer l'action antioxydante de la vitamine E.

Le glutathion aide donc à ralentir le vieillissement des cellules et favorise leur régénération. Il permet de détoxifier les métaux lourds tels que le plomb, le mercure, et de nombreux autres toxiques et polluants.

Le glutathion est un antioxydant puissant que l'on peut retrouver dans les asperges, les champignons, l'avocat, les framboises, l'ail, les oignons, le brocoli, le chou, etc.

Les fruits, particulièrement les petits fruits rouges comme la myrtille, la framboise, la mûre, et les légumes représentent les meilleures sources d'antioxydants. Ce sont également d'excellentes sources de fibres alimentaires et de minéraux alcalins qui contribuent à une bonne flore intestinale.

Les aliments riches en sélénium

Selon une étude[34], le niveau de **sélénium** chez les personnes psoriasiques s'avère plus faible que la normale. Par ailleurs, un apport insuffisant de sélénium pendant plus de trois ans est associé à une plus grande sévérité du psoriasis. Les résultats obtenus suggèrent que l'apport alimentaire en sélénium pourrait être l'un des facteurs contribuant à l'évolution positive du psoriasis.

Il faut savoir que le sélénium est un oligo-élément essentiel qui joue un rôle majeur dans le système d'oxydoréduction (il est cofacteur de la production de glutathion peroxydase), c'est-à-dire qu'il aide l'organisme à vaincre le stress oxydatif.

Lorsque nous nous exposons de manière excessive notre organisme au tabac, à l'alcool, aux médicaments, au soleil, à la pollution atmosphérique, au stress... il tente de se défendre et d'éliminer le surplus de toxines.

Or, des études ont rapporté que les gens souffrant de psoriasis avaient des taux de glutathion peroxydase plus bas que les sujets sans psoriasis.

Le sélénium, qui fut nommé en hommage à Séléné, déesse de la lune dans la mythologie grecque, aide l'organisme à s'opposer aux méfaits des radicaux libres et à la toxicité des métaux lourds (au même titre que le zinc, le bêtacarotène, ou les vitamines C et E, que l'on a évoqués plus haut). Il contribuerait en particulier à protéger les organes émonctoires, notamment le foie.

Concernant son effet sur le psoriasis, on sait que le sélénium peut influencer la réponse immunitaire, mais aussi son caractère inflammatoire en modifiant l'expression des cytokines et de leurs récepteurs et en rendant les cellules immunitaires plus résistantes au stress oxydatif.
Par ailleurs, le sélénium protégerait les membranes cellulaires en ralentissant l'oxydation des lipides et serait donc particulièrement recommandé aux personnes sensibles sur le plan nerveux.

Les meilleures sources de sélénium à intégrer dans l'alimentation en cas de psoriasis : noix du Brésil, moules, huîtres, graines de tournesol, poisson plat, sardines.

LA PLACE DES PROTÉINES

Dans le psoriasis, il est essentiel de bien choisir les sources de protéines car certaines peuvent aggraver son caractère inflammatoire.

Les protéines animales

Aujourd'hui, dans notre société hyperindustrialisée, l'alimentation quotidienne est trop riche en graisses saturées. Les graisses saturées sont généralement d'origine animale comme le beurre, la crème fraîche ou encore les graisses animales.

LES VIANDES ROUGES

Les viandes rouges notamment, contiennent des graisses saturées élevées, responsables de l'augmentation du taux de cholestérol et de mauvais gras qui vont adhérer aux organes. Elles contiennent également de l'acide arachidonique, qui semble contribuer à aggraver l'inflammation. Statistiquement, on sait que les personnes souffrant de psoriasis ont des apports plus élevés en acides gras saturés que celles qui n'en souffrent pas. Pour un psoriasique, il conviendra donc absolument d'éviter d'en consommer.

En 2004, des chercheurs de Honolulu (Hawaï)[35] ont étudié les cas de patients atteints de psoriasis soumis à un régime alimentaire spécifique dans lequel était exclue la viande rouge. Au bout de 6 mois, les manifestations se sont améliorées.

LA CHARCUTERIE

Les produits de charcuterie ne font pas partie de la famille des viandes à proprement parler. En effet, malgré leur contenance en protéines, ce sont des aliments riches en sel, en gras saturé et en additifs alimentaires. Ce sont donc des produits alimentaires « plaisirs » dont la consommation est généralement à limiter – 150 grammes par semaine selon le Programme national nutrition santé (PNNS) à l'heure où paraît ce livre. Pour un psoriasique, il conviendra absolument d'éviter d'en consommer.

LES VIANDES BLANCHES

Les viandes blanches sont quant à elles recommandées. Il s'agit des volailles (poulet, poule, dinde, canard, pintade, pigeon), de l'agneau, du lapin, du veau.

LE POISSON

Le poisson est également fortement à favoriser car c'est une source importante de vitamines (A et E), de minéraux (iode, sélénium) et de protéines. Il est facile à digérer et contient des oméga-3. Ces derniers aident à réduire les niveaux de triglycérides, ce qui conduit à des niveaux plus élevés de HDL, le « bon cholestérol ». Nous abordons plus loin la place et l'intérêt des oméga-3.

Le poisson peut être grillé, cuit au four, poché ou cuit à la vapeur, mais ni frit ni cuit au beurre.

Parmi les poissons à privilégier figurent les poissons gras (sardine, saumon, hareng, maquereau, truite, thon) et les poissons maigres à chair blanche comme la sole, le cabillaud, le colin, l'églefin, la raie, le merlan…

Les protéines végétales

Afin de couvrir les besoins journaliers en protéines, il sera recommandé de choisir des sources de protéines complémentaires comme les protéines végétales :

- légumineuses ;
- tofu ;
- tempeh ;
- etc.

En veillant bien à ce que leurs sources ne soient pas acidifiantes pour l'organisme.

Notre santé
dépend de nos choix,
de nos actions, de nos pensées,
de ce qui se passe à l'intérieur
de nous. N'attendons pas de réponses
ou de solutions de l'extérieur mais
allons chercher la source de nos
déséquilibres à l'intérieur
de nous-même. Nous devons
être capables de prendre
soin de nous.

LES ACIDES GRAS ESSENTIELS

Les oméga-3 et oméga-6

Parmi les acides gras poly-insaturés, on distingue les acides gras oméga-3 et les acides gras oméga-6.

Les oméga-6 favorisent l'inflammation du psoriasis. Aujourd'hui, ils sont largement consommés dans notre régime alimentaire occidental par le biais d'huiles alimentaires comme l'huile de tournesol, de maïs, de germe de blé, de carthame et par le biais d'aliments d'origine animale.

Les acides gras oméga-3 sont quant à eux anti-inflammatoires !

La structure de base de la famille des oméga-3 est l'acide alpha-linolénique (ALA), présent chez certains végétaux, à partir duquel l'organisme développe l'EPA et le DHA, deux structures fonctionnelles importantes pour notre physiologie.

En principe, l'organisme devrait pouvoir fabriquer l'EPA et le DHA dont il a besoin en transformant l'ALA apporté par l'alimentation végétale et animale. En pratique, on se rend compte que l'organisme ne peut les produire qu'en très faible quantité car le processus de conversion est très limité, d'autant qu'il régresse en vieillissant.

Afin d'assurer un apport diversifié et complet en oméga-3, il est donc recommandé de consommer des huiles végétales (colza, noix, lin ou cameline) qui apportent de l'ALA et des produits animaux (principalement du poisson) qui contiennent de fortes proportions d'EPA et de DHA.

Ratio oméga-6/oméga-3 et inflammation

Observer les bénéfices sur la santé d'un apport accru d'oméga-3 est déjà suffisant pour adapter l'alimentation dans ce sens.

> **En réalité, le facteur déterminant n'est pas la quantité d'oméga-3, mais les proportions de chaque famille d'acides gras poly-insaturés, définies par le ratio oméga-6/oméga-3.**

Ce ratio influe sur l'inflammation chronique, un facteur aggravant du psoriasis, et plus largement des « maladies de civilisation » (les problématiques liées aux modes de vie).

Les organismes humains se sont développés dans un environnement naturel qui apportait autant d'oméga-6 que d'oméga-3. Ils ont mis au point des mécanismes qui permettent à l'inflammation de jouer son rôle nécessaire sans déborder vers un excès délétère, et ceci grâce à divers médiateurs synthétisés à partir de précurseurs alimentaires. Les différents changements qui sont intervenus avec la sédentarisation ont fait basculer cet équilibre avec beaucoup trop d'oméga-6, ce qui favorise l'inflammation chronique, qui elle-même favorise les problèmes de peau tels que le psoriasis.

Il a été calculé qu'un ratio oméga-6/oméga-3 inférieur à 4 donne des conditions optimales de santé. Or il est régulièrement supérieur à 10 dans l'alimentation moderne. C'est un facteur important qui contribue aux problématiques chroniques favorisées par un niveau trop élevé d'inflammation.

L'action des oméga-3 sur notre santé

Les oméga-3 ont un effet protecteur sur le système vasculaire et améliorent la qualité du microbiote intestinal. Le déficit en oméga-3 a peu de conséquences immédiates sur la santé. L'organisme s'adapte plutôt bien à de faibles apports pour assurer sa survie. Il y a cependant un prix à payer : la fragilisation de différents organes, notamment le cerveau, le cœur et les vaisseaux, ce qui favorise à long terme les troubles chroniques.

LA PROTECTION CARDIOVASCULAIRE

Il a été constaté qu'un niveau trop bas d'oméga-3 perturbe le métabolisme des lipides, déjà induit dans le psoriasis, ce qui se traduit par une augmentation du cholestérol et des triglycérides.

L'insuffisance d'oméga-3 fragilise également les cellules cardiaques, tend à augmenter la tension et diminue la fluidité du sang.

Tout ceci, associé à un niveau inflammatoire plus élevé, fait le nid de problématiques inflammatoires chroniques et de la dégénérescence cardiovasculaire.

LA PROTECTION CÉRÉBRALE

Les observations générales montrent qu'une alimentation riche en oméga-3 a des effets protecteurs sur le cerveau, notamment une prévention des problématiques neurodégénératives et plus largement sur la gestion du stress, l'anxiété, la dépression.

MICROBIOTE INTESTINAL ET SANTÉ GÉNÉRALE

Il y a probablement d'autres fonctions physiologiques perturbées par le manque d'oméga-3. Il a été montré notamment que leur proportion dans la ration lipidique influe sur la qualité du microbiote intestinal, qui est un facteur majeur de santé à long terme.

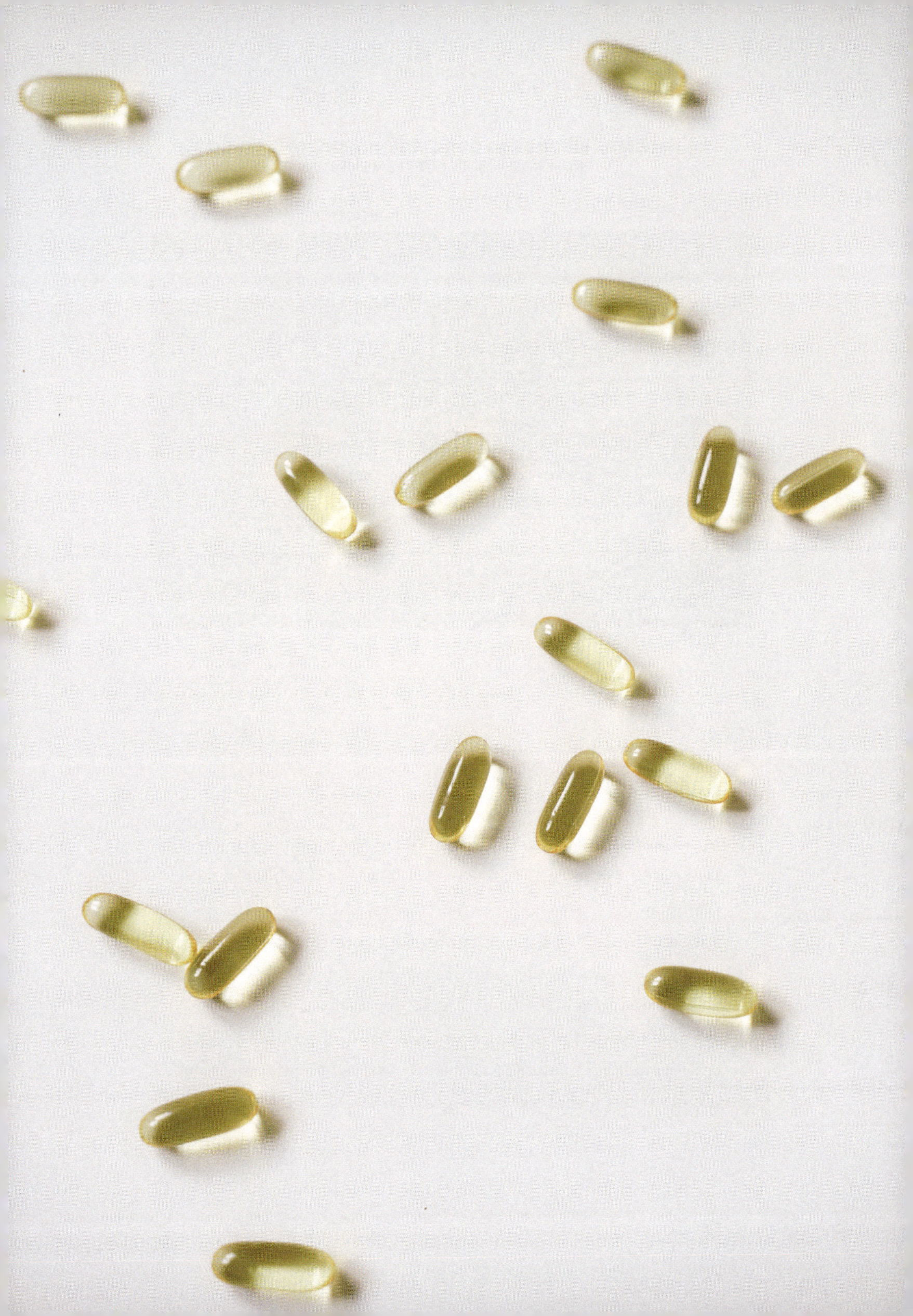

TENEUR EN OMÉGA-3 DE DIFFÉRENTS POISSONS, FRUITS DE MER ET SUPPLÉMENTS

ALIMENTS	PORTION	OMÉGA-3
Maquereau bleu	150 g	3 450 mg
Saumon de l'Atlantique (élevage)	150 g	2 870 mg
Truite grise	150 g	2 400 mg
Hareng de l'Atlantique	150 g	2 354 mg
Flétan du Groenland	150 g	1 376 mg
Sardine en conserve (dans l'huile)	150 g	980 mg
Crevettes	150 g	717 mg
Morue	150 g	214 mg
Pétoncles	150 g	130 mg
Capsule d'huile de poisson	1	300 à 600 mg

L'huile de krill

Le krill désigne des petits crustacés des eaux froides dont se nourrissent les baleines. L'huile de krill existe en complément alimentaire et est remarquable par son pouvoir antioxydant et anti-inflammatoire. Cette huile contient de l'astaxanthine (qui lui donne sa couleur rouge), un puissant antioxydant pour l'organisme, y compris pour le cerveau et les yeux. Elle contient des oméga-3, l'acide eicosapentaénoïque (EPA) et l'acide docosahexaénoïque (DHA). Elle contient également des phospholipides comme la lécithine, qui rend les oméga-3 mieux absorbables. Une supplémentation en huile de krill permet d'observer une régression des plaques psoriasiques.

Études sur l'oméga-3 et le psoriasis

Trois études ouvertes ont été menées[36], fournissant de 10 g à 18 g d'EPA et de DHA par jour pendant huit semaines à des personnes souffrant de psoriasis modéré à sévère. Toutes les études ont montré une amélioration, avec deux études démontrant une amélioration légère à modérée et une étude démontrant une amélioration modérée à excellente de la desquamation, des démangeaisons et de l'épaisseur des lésions psoriasiques. Une des études combinée à un régime pauvre en graisses a montré également une réduction significative des manifestations psoriasiques.

De plus, un certain nombre d'études ont démontré que l'huile de poisson pouvait améliorer les manifestations du psoriasis. Dans une étude, les participants ont été soumis à un régime faible en gras et supplémentés avec de l'huile de poisson pendant quatre mois. Plus de la moitié a connu une amélioration des manifestations allant de modérée à excellente.

> Une étude plus récente publiée en 2006 a également démontré des résultats positifs. Les sujets ayant reçu un supplément d'huile de poisson durant 15 semaines ont présenté une diminution significative des zones du corps atteintes de psoriasis.

De plus, étant donné les nombreux bénéfices associés aux oméga-3, notamment dans la prévention de problématiques cardiovasculaires, il n'y a aucun désavantage à augmenter sa consommation d'oméga-3. Pour atteindre une dose souhaitée d'environ 1 g par jour, on peut par exemple consommer deux repas de 150 g de maquereau ou saumon par semaine.

LES POISONS

Les associations à éviter

Chez le psoriasique, l'expérience du Dr Pagano pousse à croire que certaines associations alimentaires sont à éviter.

Ainsi, les pommes crues, les melons et les bananes ne doivent pas être mélangés à d'autres aliments, ni en salade de fruits, ni avec des céréales, ni au cours d'un même repas, par exemple en apéritif ou en dessert. Ces fruits sont à manger seuls : à titre d'en-cas ou entre les repas.

Les agrumes (orange, pamplemousse, citron jaune, citron vert, kumquats, mandarine, jus d'agrume) ne doivent pas être mélangés à des céréales complètes, des produits laitiers (lait, beurre, yaourt, fromage), à des œufs ou des farines (pain, céréales, pancakes…).

Les Solanacées

Toutes les personnes atteintes de psoriasis et même d'eczéma devraient connaître la famille des Solanacées ! C'est en effet le déclencheur le plus souvent signalé et associé au trouble. La famille des Solanacées (Solanaceae) regroupe une centaine de genres et plus de 2700 espèces de plantes. On y trouve des fruits et des légumes, des plantes industrielles comme le tabac et bon nombre de plantes ornementales.

Les aliments de la famille des Solanacées sont les tomates, les pommes de terre, les aubergines, le paprika, les poivrons, les piments, les baies de goji, le poivre de Cayenne, le tamarillo, l'ashwagandha (ginseng indien), le physalis, le gombo, l'airelle.

Les aliments de la famille des Solanacées sont à éviter ou à largement limiter car ils renferment des composés considérés comme toxiques. Parmi eux, il existe un glycoalcaloïde appelé solanine, présentant un effet cytotoxique sur la membrane cellulaire pouvant affecter la perméabilité intestinale chez les personnes sensibilisées, comme c'est largement le cas chez les personnes souffrant de psoriasis.

> **On reproche par ailleurs aux Solanacées d'être pro-inflammatoires et d'aggraver les manifestations de personnes atteintes de problématiques auto-immunes, dont le psoriasis fait partie.**

La concentration de solanine est la plus élevée dans les parties vertes des fruits et légumes : tiges et feuilles, fruits pas assez mûrs (tomates vertes), pédoncule des tomates, partie verte des pommes de terre...

Les produits laitiers

Contrairement aux idées reçues, les produits laitiers ne doivent pas être complètement évincés de l'alimentation du psoriasique.

Cependant, les produits laitiers trop riches en matière grasse – comme le lait entier, le beurre salé, la crème fraîche – et les produits laitiers transformés – comme les crèmes dessert, la crème fouettée, la chantilly, la crème glacée, les fromages artificiels... – sont déconseillés.

La margarine, acide gras trans servant souvent de substitut au beurre, est également à éviter.

De plus, les yaourts aromatisés et sucrés, et plus généralement tous les produits alimentaires transformés – y compris bio – sont riches en sucre et en additifs alimentaires, ce qui aggrave le syndrome inflammatoire du psoriasis. Ils sont également déconseillés.

Cependant, le yaourt 100 % nature, biologique, issu de filière locale sera à conserver pour sa teneur nutritionnelle et son fort pouvoir probiotique.

Par ailleurs, si une personne psoriasique présente des douleurs, une constipation ou diarrhée, des douleurs articulaires, des raideurs, gonflements des mains, chevilles, pieds, des difficultés digestives, alors il convient de s'interroger sur une intolérance aux produits laitiers. Si une telle réaction est observée, la personne pourra se tourner vers une source de calcium alternative : tofu, figues sèches, raisins secs, dattes, céleri, laitue, navets, légumes verts, chou frisé, graines de sésame... mais aussi lait d'amande, de riz, de châtaigne, yaourt végétal...

Le gluten

Bien qu'il n'y ait pas de données publiées sur l'évitement des allergies alimentaires, il apparaît que 16 % des personnes atteintes de psoriasis souffriraient d'une sensibilité accrue au gluten.

Les psoriasiques doivent éviter le pain blanc et tous les produits élaborés à base de farine blanche, car ils sont tous acidifiants, à l'exception de ceux réalisés avec de la farine de grand épeautre non hybridé, qui est presque totalement alcalin. Sur le sujet du grand épeautre non hybridé et de ses bienfaits, voir le livre *Hildegarde et l'épeautre*, de Lilian Ceballos.

Afin d'éviter d'alimenter l'hyperperméabilité intestinale évoquée ci-dessus, le blé, l'avoine, le seigle, l'orge seront à éviter. Cependant, les céréales complètes peuvent faire partie des 20 % d'aliments acidifiants autorisés dans l'alimentation quotidienne. Le son (l'enveloppe) et la graine (le germe) des céréales contiennent des vitamines, des minéraux et des protéines. Les céréales complètes permettent une bonne élimination car elles sont riches en fibres. Les céréales complètes recommandées sont le riz, le sarrasin, le quinoa, la farine de châtaignes, le grand épeautre non hybridé, le millet, le maïs bio. La règle de base à respecter est d'éviter le mélange agrumes ou jus d'agrume avec des céréales complètes au cours d'un même repas et d'éviter toute céréale complète s'il existe un terrain allergique.

Les pâtes sont un plat largement consommé au quotidien en France. La personne souffrant de psoriasis peut consommer des alternatives aux pâtes blanches comme les pâtes de carottes, d'épinards, de sarrasin, de lentilles, de persil, d'ail, les nouilles de riz, qui peuvent être consommées avec des légumes vapeur, des herbes fraîches et des épices douces : basilic, coriandre, curcuma, cumin, huile d'olive fraîche et bio de première pression à froid, amandes trempées... Il conviendra d'éviter d'y associer des sauces à base de tomates, de beurre, de crème, d'épices fortes, de piments.

Les sucres

Une étude publiée dans le *Journal of Investigative Dermatology* par une équipe de l'université de Californie Davis Health révèle qu'une alimentation riche en sucres pourrait grandement contribuer à entretenir des troubles cutanés inflammatoires comme le psoriasis.

Ainsi les céréales sucrées, glaces, bonbons, confiserie, sodas (y compris dans leur version light), pâtisseries, viennoiseries... seront à éliminer de l'alimentation.

Les fruits frais, les compotes ou les salades de fruits, faites maison ou achetés en magasin bio seront à privilégier. Le miel – l'un des aliments les plus parfaits de la nature – ou le sirop d'agave sont autorisés en petite quantité.

L'alcool

Des études ont démontré un lien entre la consommation d'alcool et le psoriasis. Ce lien est constaté dès le stade de consommation régulière, et ne concerne pas seulement l'alcoolisme (défini comme la présence de signes de dépendance physique et/ou psychologique à l'alcool). C'est ainsi qu'une étude observationnelle scandinave montre que les hommes buvant 80 g d'alcool par jour ont plus de deux fois plus de risque de présenter un psoriasis, même s'ils ne manifestent aucun signe de dépendance. Les personnes suivies pour alcoolisme ont quant à elles trois fois plus de risque de présenter un psoriasis que les non-buveurs. La chronologie de ce lien n'est toutefois pas établie et fait encore l'objet de nombreux débats. En effet, l'étude observationnelle scandinave montre aussi une tendance à l'augmentation de la consommation d'alcool chez les personnes après un diagnostic de psoriasis chez un dermatologue. Cela se rencontre quel que

soit le sexe et reflète sans doute les effets négatifs du psoriasis sur la qualité de vie. Les personnes atteintes de psoriasis souffrent plus souvent d'anxiété et de dépression. L'effet anxiolytique de l'alcool peut en faire un moyen de réponse au stress ou à la dépression suivant la découverte du psoriasis. Cependant, il n'est pas encore déterminé si le psoriasis est une réponse à l'augmentation de la consommation d'alcool ou si l'augmentation de la consommation d'alcool est une conséquence du psoriasis.

> Bien que l'on ne connaisse pas précisément la nature du lien associant l'alcool et le psoriasis, la consommation régulière du premier a un impact non négligeable sur l'évolution du second.

Non seulement il pourrait favoriser l'apparition d'un psoriasis préexistant, mais les buveurs réguliers présentent aussi des lésions plus sévères, plus étendues et plus inflammatoires.

Selon une étude américaine publiée en 2010 par *Archive of Dermatology* et menée sur une durée de 2 ans auprès de 82 000 femmes âgées de 27 ans à 44 ans, il semblerait que le risque de psoriasis est 72 % plus élevé chez les femmes qui consomment 2,3 verres d'alcool en moyenne par semaine.

D'après cette étude, la consommation de bière accroît bien plus les chances de développer cette affection, puisqu'elle rapporte que la bière serait l'alcool le plus responsable des poussées de psoriasis. En effet, une consommation de 5 bières par semaine multiplierait par deux les risques de développer un psoriasis par rapport aux femmes qui n'en boivent pas. Il en va de même chez les hommes.

De plus, la consommation d'alcool est associée à une augmentation de la résistance aux traitements classiques et à une tendance à un moindre respect des prescriptions médicales. Une consommation excessive peut aussi être à l'origine de troubles du sommeil en augmentant la sensibilité aux démangeaisons. Notons enfin que certains traitements allopathiques du psoriasis sont contre-indiqués en cas de consommation excessive d'alcool.

Plusieurs hypothèses sont encore à l'étude pour expliquer le mécanisme par lequel l'alcool intervient sur la marche du psoriasis. Mais l'on sait qu'après la consommation de boissons alcoolisées, de l'éthanol apparaît rapidement dans la peau. Outre un effet favorisant l'inflammation, une hypothèse est que cet éthanol pourrait aussi altérer la barrière de l'épiderme (couche superficielle de la peau) et permettre ainsi la pénétration de facteurs environnementaux (chimiques ou biologiques) qui agiraient sur l'immunité de la peau, aggravant le psoriasis. L'alcool stimule aussi la formation des cellules de la peau (les kératinocytes), ce qui est à éviter puisqu'une personne souffrant de psoriasis en produit déjà beaucoup trop. Rappelons que les cellules de la peau se régénèrent normalement en 28 jours, tandis que dans le cas d'un psoriasis les cellules se régénèrent tous les 3 à 7 jours.

L'alcool crée enfin un stress au niveau du foie et augmenterait la perméabilité de l'intestin. Ce déséquilibre intestinal active la production de bactéries susceptibles d'engendrer une cascade inflammatoire et de favoriser une perturbation immunitaire. Dans le cas du psoriasis, cela génère une poussée. Une très forte consommation d'alcool est aussi associée à un taux de sélénium plus bas, dont nous avons vu qu'il semble avoir une corrélation avec la gravité du psoriasis.

Les 7 poisons et les 7 antidotes

LES 7 POISONS

Il est fort probable que l'évolution positive du psoriasis dépende de l'hygiène alimentaire et plus largement de l'hygiène de vie du psoriasique. Il est intéressant de garder à l'esprit et de mémoriser la liste des sept poisons à tenir à l'écart du quotidien :

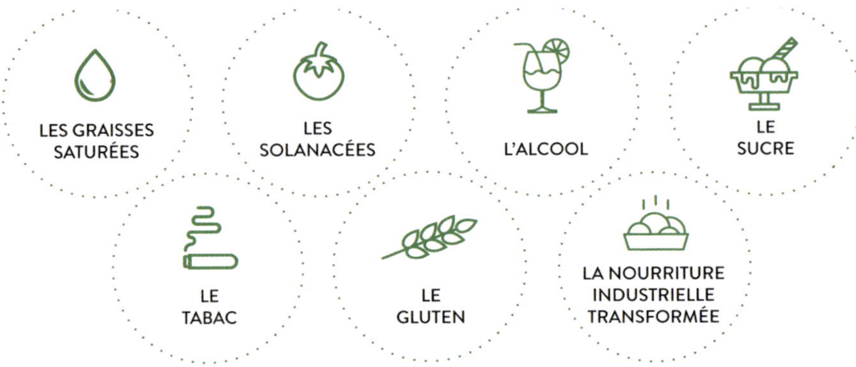

LES 7 ANTIDOTES

Face à ces 7 poisons, il existe dans notre alimentation des aliments anti-inflammatoires amis qui permettront d'améliorer les manifestations du psoriasis et de conduire à sa rémission.

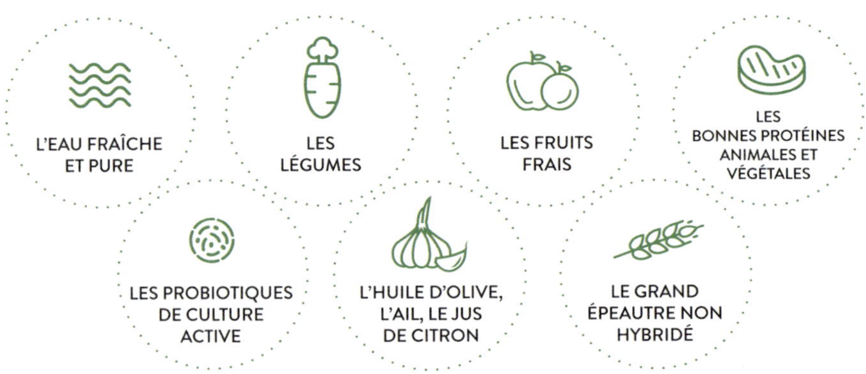

CONSEILS NUTRITIONNELS

La cuisson douce

Parmi les conseils nutritionnels, il est essentiel de privilégier la cuisson à la vapeur, au four, poché ou à l'étuvée, en évitant les fritures, les grillades (surtout au barbecue), les rôtis et les gratinés. Les aliments trop grillés voire brûlés sont difficilement « gérables » par nos enzymes digestives et peuvent largement favoriser l'hyperperméabilité intestinale.

La mastication

Une mastication efficace augmente la surface de contact des aliments aux enzymes digestives, ce qui permet d'augmenter l'efficacité de la digestion et de réduire le nombre de molécules qui pourraient fermenter ou putréfier et affecter la perméabilité intestinale.

LES COMPLÉMENTS ALIMENTAIRES

LA SUPPLÉMENTATION EN VITAMINES ET MINÉRAUX

De manière générale, les vitamines et minéraux dont nous avons besoin sont naturellement présents dans les aliments que nous consommons tels que les fruits, les légumes et leurs jus. Cela suppose une alimentation équilibrée quotidienne en respectant tous les apports nécessaires à l'organisme.

Cependant dans certains cas (intolérance, allergie, dégoût alimentaire), la prise de compléments alimentaires peut être bénéfique. Sans compter que leur prise peut avoir une incidence psychologique non négligeable dans la rémission du psoriasis.

Les vitamines et minéraux les plus fréquemment associés au psoriasis sont la vitamine A, D et les vitamines du groupe B. Il y a quelques années, Reader's Digest a publié un livre approfondi intitulé *The Healing Power of Vitamins, Minerals and Herbs* (« Le Pouvoir de guérison des vitamines, minéraux et plantes »), qui consacre un important chapitre au psoriasis.

DOSAGES ET RECOMMANDATIONS

Voici la liste des compléments avec leurs dosages et des recommandations :

ACIDES GRAS ESSENTIELS	**Dosage : 1 000 mg d'huile de poisson 3 fois par jour, 1 cuillère à soupe d'huile de cameline (ou de chanvre, ou de noix, ou de colza bio) chaque matin** N.B. : les diabétiques doivent prendre moins de 2 000 mg d'huile de poisson par jour – des doses supérieures pourraient altérer leur taux de sucre dans le sang.
EXTRAIT DE PÉPINS DE RAISIN	**Dosage : 100 mg 2 fois par jour** N.B. : doit être normalisé pour contenir 92 % à 95 % de proanthocyanidines
ACIDE ALPHA-LIPOÏQUE	**Dosage : 150 mg chaque matin** N.B. : peut être pris en dehors des repas
VITAMINE A	**Dosage : 25 000 UI par jour sur 1 mois, puis 10 000 UI par jour** N.B. : les femmes enceintes ne dépasseront pas 5 000 UI par jour
ZINC / CUIVRE	**Dosage : 30 mg de zinc et 2 mg de cuivre par jour** N.B. : ajouter le cuivre uniquement après avoir fait une cure de zinc d'1 mois
CHARDON-MARIE	**Dosage : 150 mg 2 fois par jour** N.B. : doit être normalisé afin de contenir au moins 70 % de silymarine

LES DIÈTES

Il semble évident que notre modèle alimentaire occidental riche en sucres, en graisses saturées, pauvres en polyphénols et en graisses oméga-3, favorise un état pro-inflammatoire délétère pour le psoriasis. En contrepartie, certains modèles alimentaires ont montré scientifiquement un impact favorable sur ce trouble cutané.

LA DIÈTE MÉDITERRANÉENNE

La diète méditerranéenne, riche en fruits, légumes, céréales complètes et en graisses oméga-3, semble améliorer le psoriasis et reste une recommandation nutritionnelle valable, d'autant qu'une étude récente montre une relation entre l'adhésion à ce type de régime et la sévérité de l'affection[19].

La diète méditerranéenne est une alimentation anti-inflammatoire par sa richesse en polyphénols, mais surtout en oméga-3.

Une alimentation riche en oméga-3 est anti-inflammatoire et permet par conséquent d'avoir un impact favorable sur le psoriasis[20].

LA DIÈTE HYPOCALORIQUE

Une diète hypocalorique et/ou pauvre en glucides est bénéfique chez les personnes en surpoids ou présentant un syndrome métabolique. En effet, les études médicales montrent clairement une relation entre l'incidence et la gravité du psoriasis avec le surpoids ou le syndrome métabolique[21+22].

Il existe de nombreuses études montrant un impact favorable sur le psoriasis lors de perte de poids à la suite de régimes[23+24]. Ceci peut être expliqué par le fait que la restriction calorique chez les personnes en surpoids réduit le niveau des cytokines inflammatoires[25].

Il est actuellement démontré que la prise en charge d'un psoriasis modéré à sévère chez des personnes obèses ou souffrant d'un syndrome métabolique passe par des changements de style de vie comprenant une diète hypocalorique équilibrée, l'arrêt du tabac et l'exercice physique[26+27].

LA TOLÉRANCE AU GLUTEN

Une attention particulière doit être portée chez les personnes souffrant de psoriasis qui présentent des signes de sensibilité au gluten (diarrhée, flatulences, fatigue, anémie chronique). La présence de ces manifestations ou d'une élévation d'anticorps spécifiques dans le sang peut justifier un essai de diète sans gluten.

De plus en plus d'études médicales suggèrent une association entre le psoriasis et les problématiques liées au gluten telles que les troubles cœliaques[28+29], mais également la seule sensibilité au gluten[30]. Une méta-analyse récente montre que la population souffrant de psoriasis a 2,2 fois plus de chance d'avoir un trouble cœliaque par rapport à la population normale[31].

L'arrêt du gluten chez ces personnes est souvent accompagné d'une nette amélioration du psoriasis.

PRINCIPALES CONCLUSIONS SUR L'ALIMENTATION

Il semble donc que le régime alimentaire soit un facteur important dans la pathogenèse du psoriasis.

Les **régimes végétariens** peuvent être bénéfiques pour toutes les personnes souffrant de psoriasis, en raison de la faible consommation d'acide arachidonique. Une attention particulière sera portée sur l'apport d'aliments favorisant un meilleur équilibre acido-basique.

Les **aliments acidifiants à éviter** sont le café, l'alcool, le sucre blanc, le gluten, les excès de viande rouge et de produits laitiers, les solanacées et les épices fortes.

Les **aliments alcalinisants à privilégier** sont les fruits, les légumes (notamment riches en bêtacarotène comme les carottes, les abricots, les mangues, les légumes verts, les patates douces, le persil), les amandes, les céréales semi-complètes ou complètes sans gluten, le miel.

Les personnes atteintes de psoriasis doivent par ailleurs mettre l'accent sur une alimentation contenant des poissons riches en **acides gras oméga-3**.

Les **fibres** seront également un grand allié (céréales à grains entiers, légumineuses, fruits, légumes) pour permettre une meilleure élimination des toxines présentes dans le système digestif, à condition qu'elles soient tolérées physiologiquement.

Concernant les mécanismes du psoriasis par rapport à la sensibilité au **gluten**, il est à noter que chez les gens ayant une sensibilité au gluten ou qui sont atteints de la problématique cœliaque, un régime alimentaire sans gluten semble diminuer la gravité du psoriasis.

En raison de son rôle dans la prolifération et la maturation des kératinocytes, la **vitamine D** est devenue une importante option dans la régulation du psoriasis. Comme l'hypovitaminose D est très répandue dans la population générale, les psoriasiques qui n'utilisent pas la vitamine D de façon topique pourraient bénéficier de suppléments de vitamine D oraux.

LES CONSEILS NATURELS

LA PHYTOLOGIE

Principes

La phytothérapie tire son origine du grec *phuton* (« plante ») et *therapeia* (« traitement »).

Science très ancienne, la phytologie n'est pas propre à l'espèce humaine. Nombreuses sont les espèces animales – des insectes aux chimpanzés – qui savent choisir dans leur habitat les plantes utiles pour corriger des carences alimentaires ou apaiser certains troubles. Ainsi, il est tout à fait vraisemblable que l'utilisation des plantes par l'homme ne soit que l'évolution de savoirs animaux dont l'origine nous échappe encore.

Pendant des milliers d'années, la phytologie a été la principale solution contre de nombreuses problématiques, y compris dans les plus anciennes civilisations.

La phytologie succède à la pharmacognosie, ou matière médicale. En Europe, plusieurs illustres praticiens ont permis son développement : Hippocrate, Dioscoride, Pline l'Ancien, Avicenne... Ce n'est qu'au XIXe siècle que sont isolés des plantes les principes actifs, qui seront pour certains synthétisés chimiquement par la suite. En parallèle, l'émergence de médicaments révolutionnaires, comme les antibiotiques, va reléguer la phytologie au second plan. Pourtant, en 1980, le ministre de la Santé reconnaît la phyto-

logie comme une médecine à part entière. De 1990 à 1998, le ministère de la Santé légifère en faisant établir une liste de plantes bénéficiant d'une indication thérapeutique, leur conférant ainsi le statut de médicament en bénéficiant d'une autorisation de mise sur le marché (AMM)[(37)].

La phytologie n'est cependant pas dénuée d'effets indésirables : tout ce qui vient des plantes n'est pas bénéfique pour l'organisme, il existe des plantes toxiques, mais aussi des plantes qui, mal utilisées, peuvent devenir néfastes pour un individu[(38)]. Leur utilisation doit donc être encadrée par un naturopathe, un phytothérapeute ou plus largement un professionnel de santé.

L'utilisation de la phytologie présente plusieurs objectifs. Elle accompagne la ou les manifestations des dérèglements du corps : douleurs articulaires, problèmes de transit, problèmes dermatologiques comme c'est le cas pour le psoriasis. Elle permet en outre de réaliser un drainage interne pour détoxifier un ou plusieurs organes dans le but d'assainir l'organisme et d'améliorer l'état général de la personne.

La phytologie prend différentes formes galéniques : gélules, comprimés, crèmes, sirops, extraits de plantes standardisés, teintures mères, décoctions, infusions et tisanes...

Les huiles essentielles font également partie de la phytologie, mais nous consacrerons un chapitre dédié à leur usage dans notre approche du psoriasis.

Les tisanes, appelées également « extraits aqueux », restent la forme galénique préférée des herboristes, car elles sont traditionnellement ancrées dans notre patrimoine historique et culturel.

Dans la tisane, l'eau est le moyen d'extraction des principes actifs. Ces derniers sont hydrosolubles, mais pas seulement ! Ils contiennent également un peu d'huile essentielle, puisque la chaleur fait éclater les cellules végétales.

LA MACÉRATION

consiste à laisser tremper le matériel végétal dans l'eau froide pendant plusieurs heures. On parfume ainsi de l'eau à la menthe, à la mélisse, etc.

LA TISANE

est une boisson obtenue par macération, digestion, infusion ou décoction de plantes (fleurs fraîches ou séchées, feuilles, tiges, racines ou plantes entières) dans de l'eau chaude ou froide. Le terme est employé dans le langage courant pour désigner l'ensemble des infusions non caféinées et les différencier ainsi du thé et du maté.

LA DIGESTION

consiste à maintenir en contact le matériel végétal avec de l'eau à une température inférieure à celle de l'ébullition, mais supérieure à la température ambiante pendant quelques heures.

Les tisanes sont les plus anciennes solutions naturelles du monde !

LA DÉCOCTION

consiste à jeter le matériel végétal (surtout racines et tiges) dans l'eau, à porter celle-ci à ébullition pendant quelques minutes, puis éventuellement à la laisser refroidir. Par exemple : décoction de rhizome de gingembre, de racine de consoude, de tiges de prêle, etc. La décoction contient toujours une plus grande quantité de principes actifs de la plante que l'infusion.

L'INFUSION

consiste à verser de l'eau bouillante sur le matériel végétal (surtout fleurs et feuilles) puis à le laisser tremper pendant quelques minutes. Par exemple : infusion de verveine, tilleul, badiane, sauge...

Le drainage

Pour le psoriasis – et plus généralement les dermatoses –, l'utilisation de la phytologie a un intérêt majeur : elle joue un rôle essentiel de draineur qui favorise l'élimination des toxines de l'organisme en les orientant vers nos 4 principaux émonctoires.

ÉMONCTOIRE 1

LES REINS – LES PLANTES DIURÉTIQUES OU DÉPURATIVES

Les plantes comme le chiendent, la racine de fenouil doux, le griottier, les feuilles d'olivier, l'orthosiphon, la piloselle, la prêle, la livèche, le genêt à balais et la reine-des-prés ont pour action d'augmenter la diurèse et favorisent l'élimination de l'acide urique, maintenant ainsi l'équilibre acido-basique de l'organisme.

LE BOULEAU BLANC OU VERRUQUEUX *(BETULA PENDULA)*

Feuilles, sève, bourgeons, écorce, tout est utilisé dans le bouleau. Du fait de ses propriétés diurétiques et anti-inflammatoires, les décoctions d'écorce ou de feuilles de bouleau seront particulièrement recommandées pour accompagner le psoriasis. Dans la théorie des signatures[42], son écorce rappelle d'ailleurs les squames blanches psoriasiques. Son action détoxiquante stimule les fonctions d'élimination de l'organisme sur un axe reins-foie-peau en ouvrant les émonctoires et en oxygénant le sang. La sève de bouleau, riche en silicium organique, en calcium, phosphore, sélénium et vitamine C, est à la fois dépurative, antioxydante et reminéralisante. Utilisée sous forme de cure de printemps, elle sera conseillée chaque année pour détoxifier et reminéraliser l'organisme.

Les bourgeons du **bouleau pubescent** (*Betula pubescens*) peuvent, quant à eux, être utilisés en gemmothérapie en cure de détox. Draineur général et plus particulièrement hépatique, il a également une action anti-inflammatoire et régénérante sur le système ostéo-articulaire qui sera intéressante en cas de rhumatisme psoriasique.

Le bouleau pubescent semble plus adapté pour les adultes et personnes âgées, tandis que le bouleau verruqueux est idéal chez les enfants et jeunes individus.

UTILISATION

En interne :

Décoction d'écorce ou de bourgeons à utiliser de préférence dans une composition de tisane.

Cure de sève de bouleau au printemps.

Gemmothérapie.

En externe :

Cataplasme de feuilles fraîches infusées ou réalisation d'un onguent à base de l'écorce réduite en poudre pour apaiser les douleurs du rhumatisme psoriasique.

Application de la sève en lotion pour soulager les démangeaisons des plaques de psoriasis.

LA BUGRANE ÉPINEUSE *(ONONIS SPINOSA)*

Plante des terrains secs, arides et caillouteux, la bugrane épineuse est une Fabacée particulièrement intéressante en cas d'affection cutanée comme le psoriasis, tant on considère le psoriasis comme une crise d'élimination. Son action diurétique et purgative est rapide sans être brutale. Elle élimine l'acidose, diminue les douleurs des rhumatismes psoriasiques et limite le vieillissement prématuré des articulations. La bugrane possède également une action antifongique et antibactérienne.

UTILISATION

En interne :

Décoction de racine. Ne pas dépasser 3 tasses par jour. À utiliser de préférence dans une composition de tisane.

Teinture mère.

En externe :

Compresses imbibées pour apaiser les démangeaisons et l'irritation des plaques de psoriasis.

LE BOURGEON DE CASSIS

Le bourgeon de cassis est à la fois draineur et diurétique (œdème, rétention d'eau, cholestérol, urée, acide urique), puissant anti-inflammatoire, antioxydant, antiviral et antibactérien. Avec son action indéniable sur l'acide urique et l'équilibre acido-basique, le bourgeon de cassis calme les inflammations de la peau psoriasique en favorisant l'élimination par les reins. Antirhumatismal, il soulage par ailleurs, les douleurs liées aux rhumatismes psoriasiques. Adaptogène par excellence, tonique des glandes surrénales (soutien de la cortisone) et du psychisme, le bourgeon de cassis permet une meilleure résistance au stress. C'est un tonique général et un excellent revitalisant énergétique. Il potentialise également l'effet des bourgeons qui lui sont associés et stimule la circulation veineuse. Il possède enfin un aspect antihistaminique intéressant en cas de démangeaisons des plaques de psoriasis et plus largement en cas d'urticaire.

L'extrait de bourgeon de cassis est **déconseillé** pendant la grossesse et l'allaitement et en cas d'hypertension.

UTILISATION

En interne :

Décoction de bourgeons, à utiliser de préférence dans une composition de tisane. Gemmothérapie : système articulaire, circulatoire et nerveux.

ONGUENT PSORIASIS

RÉALISER LES TROIS MACÉRÂTS HUILEUX SUIVANTS

ORTIE
jeunes pousses

ANGÉLIQUE
racines

BUGRANE ÉPINEUSE
racines

Mélanger les trois macérâts huileux à parts égales et ajouter 11 % de cire d'abeille en fonction du poids total.

Ce magnifique onguent peut être appliqué en local au quotidien pour soulager l'inflammation, l'irritation et les démangeaisons des plaques de psoriasis.

Les onguents

Les onguents sont utilisés pour appliquer les bienfaits d'une ou plusieurs plantes sur la peau, soit pour la protéger (des agressions du froid par exemple), soit pour la soulager (dans le cas de brûlures ou d'éraflures par exemple).

L'onguent est de nature grasse, car il est fabriqué uniquement avec un macérât huileux et de la cire d'abeille, qui est très grasse elle aussi. L'onguent a donc tendance à recouvrir la peau pour la protéger et délivrer les propriétés remarquables d'une plante en surface. L'onguent peut être plus épais, ou plus liquide, selon que l'on met plus ou moins de cire d'abeille. Il se ramollit toujours lorsqu'on l'applique sur la peau.

ÉMONCTOIRE 2

LES INTESTINS – LES PLANTES À MUCILAGE

MUCILAGE

Un mucilage est une substance que la plante utilise pour garder l'eau dans ses tissus. Cette molécule, qui a une grande affinité pour l'eau, agit comme une petite éponge. D'un point de vue chimique, un mucilage est une grosse molécule dérivée des sucres. C'est un polysaccharide qui a la capacité de former ce qu'on appelle un gel, et qui, contrairement à la *jelly* britannique, est très élastique et fluide.

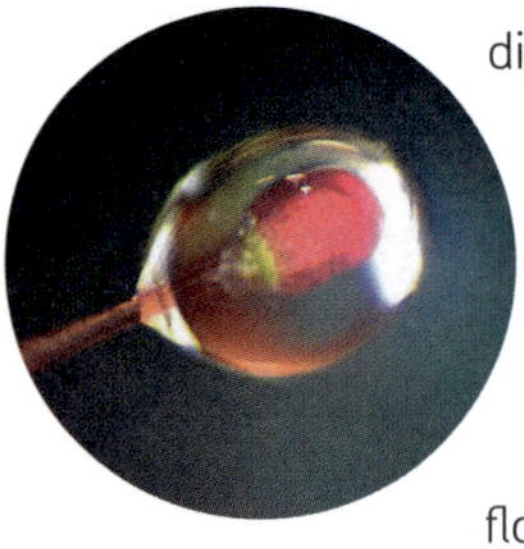

Les mucilages ne peuvent pas être cassés par nos enzymes digestives ni transformés en sucres. Et parce qu'ils ont tendance à capturer les liquides digestifs, ils entraînent certains sucres alimentaires loin des sites d'absorption de l'intestin. Ils peuvent donc au contraire faire baisser la glycémie. Au niveau du colon, ils constituent une nourriture de choix pour la flore intestinale, qui, rappelons-nous, se trouve en situation de dysbiose en cas de psoriasis[39].

PROPRIÉTÉ DES PLANTES À MUCILAGES

Elles calment l'inflammation des muqueuses digestives par contact. Elles forment un pansement naturel qui adoucit et rafraîchit, qui calme l'inflammation d'une manière temporaire.

Cependant, elles n'ont pas une action de longue durée. Il faut donc les prendre régulièrement, par petite quantité pour tapisser la muqueuse. Cet effet « émollient » permet de réduire l'inflammation des intestins en vue de la résorption de l'hyperperméabilité intestinale induite dans le psoriasis.

De plus, les mucilages sont utiles pour la constipation et les diarrhées, chroniques ou passagères.

Dans les cas de constipation, les mucilages capturent l'eau et humidifient les selles.

Dans le cas de diarrhée, les mucilages vont calmer l'inflammation de la muqueuse par contact.

Par précaution, les mucilages sont à prendre loin des repas, de la prise de médicaments ou de compléments alimentaires car ils peuvent capturer ces substances et bloquer leur absorption.

L'ORME ROUGE *(ULMUS FULVA)*

Les Chinois apprécient depuis toujours les nombreuses vertus de l'orme rouge qu'ils considèrent comme l'une des meilleures plantes adoucissantes et nourrissantes. Ils l'utilisent pour sa capacité à absorber les gaz fétides, pour son action adoucissante et calmante dans les cas d'inflammation intestinale (entérite et colite), pour sa présence de mucilages qui permet de réhydrater la muqueuse intestinale. L'orme rouge joue un rôle majeur de protection de la paroi intestinale, amincie et poreuse chez le psoriasique.

UTILISATION

En interne :

Décoction de racine, à utiliser de préférence dans une composition de tisane.

En externe :

Confectionner une pâte épaisse en mélangeant de la poudre d'écorce à un peu d'eau bouillante. Laisser refroidir et appliquer cette pâte en cataplasme sur les zones psoriasiques.

Attention : Si l'on récolte soi-même l'écorce d'orme rouge, il faut prendre bien soin de ne consommer que l'écorce interne (le liber) et non pas l'écorce externe, cette dernière étant censée avoir une action abortive.

LA GUIMAUVE *(ALTHAEA OFFICINALIS)*

La racine de guimauve est le meilleur représentant de la famille des mucilagineuses. C'est le chef de file ! La guimauve est une plante de la famille des Malvacées (*Malvacea* est dérivé du grec *malake* signifiant doux) avec un duvet blanchâtre et soyeux. C'est une plante connue pour ses propriétés adoucissantes indiquées dans le traitement des irritations et inflammations de toute sorte.

Au niveau intestinal, les mucilages tant de la fleur que de la racine diminuent l'irritation causée par l'inflammation. Les polysaccharides de la racine agissent sur la régénération tissulaire des muqueuses irritées, en stimulant les cellules épithéliales.

UTILISATION

En interne :

Tisane de fleurs.

Décoctions de racine, à utiliser de préférence dans une composition de tisane.

Teinture mère.

En externe :

Onguent de racine en application locale.

Le film protecteur qu'offrent les mucilages de la guimauve, associé à ses propriétés anti-inflammatoires et régénératrices tissulaires, est un bon allié pour apaiser les plaques de psoriasis.

LE GRAND PLANTAIN *(PLANTAGO MAJOR)*

Le grand plantain est plus mucilagineux que le plantain lancéolé. À la fois astringent et émollient, il est un grand protecteur des muqueuses, bien sûr digestives, mais aussi uro-génitales et respiratoires. Très riche en zinc, mucilages et silice, il calme, renforce et hydrate particulièrement la muqueuse intestinale. La présence de tanins lui confère un aspect cicatrisant et antioxydant. En stimulant le péristaltisme intestinal, c'est enfin un laxatif doux.

UTILISATION

En interne :

Infusion des parties aériennes séchées (graines).

Extrait fluide.

Teinture mère.

En externe :

Macérât huileux : ancrage physique et psychique de la personne.

Compresses d'infusion de feuilles fraîches pour calmer l'inflammation et l'irritation des plaques de psoriasis.

Feuilles fraîches grossièrement broyées sur les plaques de psoriasis pour calmer l'inflammation.

ÉMONCTOIRE 3

LE FOIE ET LA VÉSICULE BILIAIRE – LES PLANTES CHOLAGOGUES, CHOLÉRÉTIQUES ET DÉTOXIFIANTES HÉPATIQUES

Le psoriasis est l'expression d'une dysfonction hépatique. Par ailleurs, les personnes atteintes pourraient être plus à risque de développer un problème de foie appelé stéatose hépatique non alcoolique avec un risque de fibrose hépatique[40]. Dans ce contexte, les plantes comme l'artichaut, le boldo, la chicorée, la fumeterre, le radis noir, le romarin ou l'aubier de tilleul seront particulièrement intéressantes pour aider à la décongestion de l'émonctoire foie par leurs propriétés stimulantes et détoxifiantes des fonctions hépatobiliaires.

LA CHICORÉE *(CICHORIUM INTYBUS)*

Très proche du pissenlit dont elle partage l'amertume, la chicorée possède sensiblement les mêmes propriétés. C'est une plante « nettoyante » et ce n'est certainement pas un hasard si elle arrive si tôt au printemps, après qu'on a passé un long hiver à « s'encrasser » l'organisme.

À la fois tonique, apéritive et dépurative, cette astéracée sera conseillée aux psoriasiques et à toutes les problématiques nécessitant de purifier le sang. Grande décongestionnante hépatique, elle active la détoxification du foie en cas de paresse de celui-ci et aide à diminuer le taux de cholestérol. Elle est par ailleurs, à la fois cholagogue et cholérétique, stimule la contraction de la vésicule biliaire et double l'écoulement de la bile. Riche en inuline (un sucre complexe non absorbé par l'organisme), elle est aussi intéressante en cas de diabète.

En cas de psoriasis, elle favorisera un bon transit intestinal par la présence d'enzymes hydrolases présentes dans sa racine qui lui confère un effet légèrement laxatif en plus d'être antiseptique. Elle constitue un vrai prébiotique, favorisant la croissance des bifidobactéries et lactobacilles, et permettant une meilleure digestion des minéraux : fer, calcium, magnésium.

UTILISATION

En interne :

Infusion de feuilles ou décoction de racine séchée.

Attention : Les personnes allergiques aux plantes de la famille des Astéracées (appelée également Composées : marguerite, aster, pissenlit, etc.) peuvent être sensibles à la chicorée.
Nocivité possible à dose élevée.

L'ÉPINE-VINETTE *(BERBERIS VULGARIS)*

De la famille des Berbéridacées, l'épinette-vinette est la plante des nomades berbères, intéressante dans le cas du psoriasis pour son tropisme reins-foie-peau. Stimulante des fonctions hépatobiliaires et cholagogues, elle favorise l'écoulement de la bile en cas d'engorgement du foie et de troubles de la vésicule biliaire. Elle favorise également le transit intestinal par ses 2 aspects : purgatif et laxatif. Elle est également dépurative, ce qui lui permet de diminuer l'inflammation en stimulant la diurèse.

UTILISATION

En interne :

Décoction d'écorce. À utiliser de préférence avec d'autres plantes dans une composition de tisane. Teinture mère de feuilles.

Attention : En raison de sa toxicité, l'épine-vinette est déconseillée aux femmes enceintes ou qui allaitent. Elle ne doit pas être administrée de manière prolongée.

LE CHARDON-MARIE *(SILYBUM MARIANUM)*

Originaire du bassin méditerranéen, le chardon-marie est utilisé pour combattre les troubles digestifs, du foie et de la vésicule biliaire. Les Grecs avaient déjà noté son potentiel et l'utilisaient pendant l'Antiquité pour soigner les troubles du foie.

Le chardon-marie contient de la silymarine, la substance active de la plante, particulièrement concentrée dans les graines mûres. C'est la silymarine qui lui confère ses effets notables. Grâce aussi à la présence de mucilages et de substances amères, le chardon-marie est un remarquable décongestionnant de foie qui soulage les troubles digestifs liés notamment à une insuffisance de production de bile. Il est utilisé dans la prévention et l'accompagnement de divers troubles hépatiques : intoxication, hépatite, cirrhose, ictère et tout dommage causé au foie par des substances toxiques. Son rôle majeur est de protéger les tissus hépatiques en diminuant la pénétration des substances toxiques (alcool, médicaments, toxines, poisons...). Il stimule la production de protéines, améliorant la régénération et la multiplication de ces cellules. Il diminue certaines réactions inflammatoires provoquées par les cellules immunitaires présentes dans le foie. Plus récemment, ces effets ont été également observés sur des cellules des reins(41). Par ailleurs, la silymarine peut améliorer le contrôle de la glycémie et réduire la résistance à l'insuline en cas de diabète.

UTILISATION

En interne : Décoction de graines séchées. Teinture mère. Gélules.

Contre-indications : Les personnes allergiques aux plantes de la famille des Astéracées (anciennement Composées : ambroisie, armoise, camomille, chrysanthème, échinacée, par exemple) doivent éviter de prendre du chardon-marie. Celui-ci est déconseillé chez les personnes qui souffrent d'une crise aiguë d'obstruction des voies biliaires. Déconseillé également chez les femmes enceintes ou allaitantes, et chez les enfants et jeunes adultes de moins de 18 ans.

LE ROMARIN *(ROSMARINUS OFFICINALIS)*

Plante méditerranéenne avec sa forte odeur aromatique de la famille des Lamiacées, le romarin réchauffe le corps et le cœur ! Plante ancestrale, on lui a même attribué des pouvoirs mystiques pour purifier certains endroits. Appelé aussi herbe des troubadours, le romarin est une plante d'énergie, dont on fera attention parfois à la brutalité, tant ses vertus sont puissantes. C'est une plante polyvalente, très intéressante en cas de psoriasis. Le romarin est un grand stimulant digestif, en ayant toutefois un aspect spasmolytique : il accompagne le transit en soulageant les ballonnements, stimule les sécrétions biliaires et soutient les fonctions hépatiques. Le romarin est riche en antioxydants qui protègent les cellules et les tissus des dommages oxydatifs. Il est par ailleurs hypoglycémiant, stimulant de la circulation et de la thyroïde. Le romarin contribue à renforcer l'organisme et aide à se sentir plus énergique. Il soutient le système nerveux, réduit les états de stress et renforce l'état de conscience et d'ancrage. Shakespeare disait du romarin que c'est la plante du souvenir et de la mémoire.

UTILISATION

En interne : Infusion de romarin frais ou séché. Teinture mère. Extrait liquide. Gélules.

ÉMONCTOIRE 4

LA PEAU

LE BOUILLON-BLANC *(VERBASCUM THAPSUS)*

Également appelé « molène », le bouillon-blanc est une plante suggérée pour le psoriasis car elle calme les irritations cutanées grâce à ses propriétés analgésiques, apaisantes, antispasmodiques et anti-inflammatoires.

UTILISATION

En interne :

Infusion de feuilles et de fleurs séchées.

En externe :

Compresses d'infusion de fleurs séchées à appliquer sur les zones psoriasiques pour calmer les démangeaisons et les irritations.

Attention : usage déconseillé chez les enfants de moins de 12 ans.

LA CAMOMILLE MATRICAIRE *(MATRICARIA CHAMOMILLA)*

La camomille matricaire (*Matricaria chamomilla*) – du mot « *matrix* » qui signifie « matrice » –, de la famille des Astéracées, constitue un conseil naturel efficace contre les inflammations de l'épiderme comme le psoriasis. Aussi appelée camomille sauvage, petite camomille, camomille allemande ou camomille vraie, elle ne doit pas être confondue avec sa cousine, la camomille romaine. Réputée tonique, stomachique, antispasmodique et analgésique, c'est une plante digestive polyvalente. Elle accompagne les troubles digestifs : ballonnements, crampes intestinales, lenteur digestive, flatulences et calme la colopathie fonctionnelle.

En effet, la colopathie associe un terrain digestif hypersensible avec une grande réactivité au stress, ce qui correspond parfaitement à la plante.

C'est aussi une grande apaisante pour les nerfs, surtout chez les personnes plaintives, sensibles notamment à la douleur, et stressées. Elle apaisera les individus colériques et explosifs par nature mais aussi les personnes souffrant d'anxiété et d'état dépressif léger et celles ayant subi un choc émotionnel. De ce point de vue, elle est parfaite pour le psoriasis ! Elle aidera à la déconnexion et à la récupération. La matricaire n'est pas sédative mais elle aidera à doucement glisser dans cet état de relaxation qui prépare au sommeil.

UTILISATION

La camomille matricaire est toujours supérieure lorsqu'elle est utilisée fraîche[(45)].

En interne :

Infusion de fleurs séchées en fin de repas.

En externe :

Macérât huileux.

Compresse d'infusion.

Cataplasme de macérât huileux pour calmer et adoucir l'inflammation de la peau.

Attention : en cas d'allergie à la famille des Asteraceae. Interaction (théorique) avec les anticoagulants de type antivitamine K.

LA GRANDE CONSOUDE *(SYMPHYTUM OFFICINALE)*

La grande consoude possède des propriétés anti-inflammatoires et cicatrisantes remarquables. Elle est un grand allié pour la peau ! Elle contient du mucilage, connu pour ses vertus émollientes, de l'allantoïne, un exceptionnel cicatrisant, mais aussi de l'acide rosmarinique, un anti-inflammatoire naturel. Elle sera très utile pour calmer l'inflammation des plaques de psoriasis et favoriser leur cicatrisation. L'alliance de l'allantoïne et de l'acide rosmarinique présents dans la consoude va favoriser le renouvellement cellulaire en réduisant le gonflement, l'inflammation et les douleurs articulaires présentes dans le rhumatisme psoriasique.

Elle s'utilise surtout en cataplasme avec des feuilles fraîches hachées que l'on couvre d'eau bouillante avant de les envelopper dans une gaze ou une compresse. Elle peut également être appliquée sous forme de teinture mère (qui est un mélange de feuilles fraîches et d'alcool) directement sur les plaques de psoriasis. Pour les douleurs articulaires, on peut privilégier les cataplasmes mais aussi une décoction réalisée à partir des racines et que l'on applique directement sur la peau pendant quinze minutes.

UTILISATION

En externe :

Cataplasme de feuilles fraîches hachées.

Cataplasme de teinture mère.

Cataplasme de décoction de racine.

À appliquer directement sur les plaques psoriasiques ou les zones de rhumatismes psoriasiques.

Attention : l'utilisation de la consoude est presque exclusivement externe. Elle contient en effet des alcaloïdes pyrrolizidiniques qui peuvent s'avérer très néfastes pour le foie. Les personnes souffrant de problèmes hépatiques doivent éviter de l'utiliser, quelle que soit la méthode. Pour les autres, les médecins recommandent de ne pas dépasser quelques jours d'utilisation, même en usage externe, et de ne pas l'appliquer plus de 6 semaines par an. Elle est également interdite aux femmes enceintes ou allaitantes, ainsi qu'aux enfants.

LA BARDANE *(ARCTIUM LAPPA)*

La bardane est une plante particulièrement intéressante : sa racine possède plusieurs propriétés stimulantes dont une action sudorifique, dépurative et diurétique, mais aussi antiseptique et anti-inflammatoire, qui permet de combattre la plupart des infections cutanées, dont le psoriasis. Traditionnellement, les herboristes employaient la bardane pour « purifier » l'organisme des impuretés !

Elle stimule en effet les fonctions du foie et des reins, les deux organes responsables de l'excrétion des toxines. Du côté du foie, la production de bile est augmentée. Du côté des reins, son effet est diurétique. Mais la bardane va plus loin : elle protège aussi ces organes contre l'inflammation créée par certains toxiques (polluants, médicaments, alcool…) La bardane a également un pouvoir antioxydant et protecteur puissant de l'ensemble de ce système de dépuration.

Elle nourrit le microbiote car elle constitue un bon prébiotique grâce à la présence d'inuline, qui favorise une bonne flore intestinale et aide à une meilleure digestion en facilitant une meilleure assimilation des graisses. Elle agit également directement sur la peau car elle est diaphorétique : elle influence les glandes sudoripares, les glandes de la transpiration, mais aussi les glandes sébacées dans leur production de sébum. Elle semble mieux accompagner les peaux sèches[43], car elle va légèrement exciter les sécrétions et agir sur cette faiblesse.

UTILISATION

En interne :

Décoction de racine séchée. À associer avec la pensée sauvage.

En externe :

Cataplasme de racine. Cataplasme de teinture mère. Macérât huileux. À mélanger aux macérâts huileux de plantain et de calendula.

LA PENSÉE SAUVAGE *(VIOLA TRICOLOR)*

Jolie fleur tricolore, la pensée sauvage est la fleur des problèmes de peau : de l'acné, de l'eczéma et évidemment du psoriasis, dont elle soulage les démangeaisons grâce à ses propriétés anti-inflammatoires (présence d'acide salicylique et dérivés violutoside) et à ses effets adoucissants (présence de tanins, flavonoïdes, anthocyanosides, mucilages). Les mucilages sont intéressants dans un contexte d'inflammation intestinale chronique, comme c'est le cas dans les problématiques auto-immunes telles que le psoriasis. Elle calme et resserre les muqueuses enflammées d'autant qu'elle est légèrement astringente.

Au-delà de ces propriétés, sa fonction majeure est une fonction d'élimination et de dépuration de l'ensemble de l'organisme. Plante diurétique, elle stimule le système lymphatique, ce vaste système d'évacuation qui permet à nos tissus et cellules d'évacuer nos déchets. Elle est plutôt lymphatique qu'hépatique, c'est pour cela qu'elle sera associée au pissenlit ou à la bardane pour apporter cette action complémentaire(46).

Concernant le psoriasis et plus largement l'ensemble des problèmes de peau, elle sera bien tolérée chez les enfants et adolescents car c'est une dépurative douce.

UTILISATION

En interne :

Infusion de plante séchée. À associer avec une décoction de racine de bardane préalablement réalisée.

Teinture mère de plante fraîche.

Gélules.

En externe :

Cataplasme d'infusion pour nettoyer la peau.

L'ORTIE *(URTICA DIOICA)*

C'est la plante mal-aimée par excellence. Souvent chassée de nos jardins et tant redoutée par les promeneurs pour ses propriétés urticantes, l'ortie souffre de sa mauvaise réputation. Pourtant, ses bienfaits sur notre santé sont connus depuis l'Antiquité. Naturellement riche en vitamines A, B et C, en fer, calcium, magnésium, potassium et phosphore, c'est l'une des plantes les plus efficaces.

L'ortie est dépurative et favorise l'élimination des acides. Très bon diurétique, elle permettra d'irriguer les organes notamment les reins. Elle est anti-inflammatoire et soulage les douleurs articulaires du rhumatisme psoriasique. L'ortie a également un effet reminéralisant intéressant pour les personnes sujettes au psoriasis qui ont un terrain acide, souvent associé à une moins bonne assimilation et une perte de minéraux.

Associée à la pensée sauvage, elle améliore en douceur l'apparence de la peau.

UTILISATION

En interne :

Infusion de jeunes pousses séchées.
Potentialise les effets de chaque plante dans une tisane.
Teinture mère.
Extrait fluide.
Gélules.
Poudre : à utiliser dans l'alimentation.

En externe :

Cataplasme d'infusion de feuilles séchées en association avec de l'argile verte que l'on maintiendra humide. Action contre les douleurs rhumatismales.

LE SOUCI, OU CALENDULA *(CALENDULA OFFICINALIS)*

Communément appelé « souci », le calendula est une plante orangée d'origine méditerranéenne que l'on retrouve dès le Moyen-Âge comme une plante médicinale indispensable. Son fort pouvoir de cicatrisation permet d'apaiser les lésions cutanées, et d'aider à la cicatrisation. Particulièrement intéressante dans l'emballement cutané du psoriasis, calendula, qui signifie « calendrier », permet de redonner un rythme au renouvellement des kératinocytes en apaisant le stress de la peau. Les principales vertus reconnues du calendula en matière de dermatologie sont donc ses actions cicatrisantes, anti-inflammatoires et apaisantes.

UTILISATION

En interne :

Infusion de fleurs séchées.

En externe :

Cataplasme d'infusion de fleurs séchées sur les plaques de psoriasis.

Macérât huileux.

L'ALOÈS *(ALOE VERA)*

Le gel de la plante, riche en acides aminés stimule la différentiation des kératinocytes, réduite lors d'une crise de psoriasis. Son efficacité anti-psoriasique serait comparable à celui du tazarotène 0,1 % en gel (81,95 % pour l'aloe vera contre 87,94 % pour le rétinoïde). De plus, cet extrait a l'avantage de ne pas affiner l'épaisseur de l'épiderme, contrairement au tazarotène. Il contient également 20 minéraux (dont le magnésium, ayant un effet bénéfique contre le stress), des sucres (capables de retenir une grande quantité d'eau, et donc responsables de son rôle hydratant), de la lectine (essentielle pour la cicatrisation), des saponines antiseptiques et de la bradykinase. Avec ses propriétés anti-inflammatoires,

cicatrisantes, hydratantes et antibactériennes, le gel frais d'aloès est remarquable en externe pour calmer les démangeaisons, diminuer la desquamation, pour apaiser l'inflammation, les irritations et réparer la peau psoriasique. Il est utilisé dans différentes parties du monde pour les soins de la peau depuis plus de 2000 ans. En interne, grâce à ses vertus anti-inflammatoires et régulatrices sur le transit, il soulage les troubles gastro-intestinaux et apaise les troubles du syndrome de l'intestin irritable, de la colopathie fonctionnelle et de la maladie de Crohn. L'idéal étant de réaliser des prises courtes et ponctuelles.

De plus, il réduit les taux de cholestérol, de triglycérides et de glycémie. L'aloe vera lutte également contre les œdèmes et les états inflammatoires chroniques. Sa consommation permet de stimuler les défenses immunitaires et renforce l'organisme en réparant les cellules lésées et en encourageant la croissance de cellules saines. Dans ce sens, l'aloe vera aide à lutter contre les douleurs articulaires liées aux rhumatismes psoriasiques.

UTILISATION

En interne :

Jus certifié bio.

En externe :

Gel en application locale sur les zones psoriasiques.

Mélange apaisant du cuir chevelu : jus d'aloé véra + lait de coco + huile de germe de blé à mélanger à parts égales. Massez le cuir chevelu et rincez abondamment.

LE CURCUMA *(CURCUMA LONGA)*

Le curcuma est une plante et une épice aux multiples vertus préventives comme curatives. Excellent pour la digestion, le curcuma a aussi la capacité de diminuer les inflammations, est utile en prévention du cancer et protège le cerveau d'Alzheimer. Sa molécule active, la curcumine, a en effet la capacité de lutter contre le stress oxydatif responsable de la dégénérescence cellulaire, et contre l'inflammation qui, lorsqu'elle est chronique comme dans le psoriasis, entraîne des dysfonctionnements immunitaires et métaboliques en chaîne.

De plus, ses propriétés antioxydantes protègent l'épiderme en accélérant la cicatrisation. Consommé régulièrement, ses qualités nutritionnelles (fibres, vitamines C, E, K, B1, B2, B3, B6 et B9, sels minéraux, manganèse, fer, potassium, calcium, magnésium, cuivre, zinc) favorisent le processus digestif et régule la flore intestinale. En effet, le curcuma améliore la digestion des corps gras, des sucres et augmente la sécrétion de bile, aidant ainsi à baisser le taux de mauvais cholestérol.

UTILISATION

En interne :

Décoction de racine accompagnée de poivre pour faciliter son assimilation.

En externe :

Pâte souple et humide : mélangez une dose de poudre de curcuma à une infime quantité d'eau. Application sur les zones psoriasiques sans laisser sécher.

Attention : le curcuma, solution utilisée de longue date, réclame quelques précautions. Ainsi, il est déconseillé à haute dose en cas de calculs biliaires, de grossesse ou de prise d'anticoagulants.

LA SALSEPAREILLE *(SMILAX ASPERA L.)*

Originaire des forêts tropicales humides d'Amérique centrale, la salsepareille est une liane de grande taille avec des racines profondes. Elle reste une des meilleures plantes dépuratives recommandées dans les problématiques de peau.

Diurétique, légèrement laxative, antirhumatismale, elle favorisera l'élimination des toxines et apaisera les douleurs articulaires induites dans les rhumatismes psoriasiques.

Par ailleurs, son aspect sudoripare favorisera la transpiration et aidera à éliminer les substances cristalloïdes par la peau.

UTILISATION

En interne :

Décoction de racine, de préférence en association avec d'autres plantes dans une composition de tisane.

Teinture mère.

Attention : son dosage et son usage prolongé peuvent irriter le tube digestif.

Le système nerveux

LA GRANDE CAMOMILLE *(TANACETUM PARTHENIUM)*

Également appelée camomille romaine ou camomille noble, la grande camomille est une plante calmante du système nerveux. Elle apaise les personnes éparpillées qui peuvent perdre leurs moyens. Si la matricaire calme en douceur, la grande camomille ramène sur terre ! Elle aide aussi à mieux gérer les migraines liées à un stress grandissant. Le soir, elle permettra de se recentrer, de prendre du recul et de limiter les états d'anxiété liés aux démangeaisons nocturnes.

UTILISATION

En interne :

Infusion de fleurs à prendre avant le repas.

Teinture mère.

Poudre des fleurs dans du miel.

En externe :

Macérât huileux pour toute inflammation de la peau et pour les douleurs rhumatismales

Il faut compter de 4 à 6 semaines avant que les effets de la plante se fassent pleinement sentir. En cas de prise continue, il est recommandé de cesser la prise durant un mois par an. Cette interruption permet de vérifier s'il est nécessaire de continuer ou non.

LA VALÉRIANE *(VALERIANA OFFICINALIS)*

Très prisée en phytologie, la valériane (*Valeriana officinalis*) porte bien son nom puisqu'elle signifie en latin « bien se porter ». Sa racine possède de très nombreuses propriétés.

Elle sera recommandée pour accompagner les personnes anxieuses qui manquent de tonus, de volonté, souffrent d'une légère dépression, avec un visage et une peau plutôt pâle et froide, notamment aux extrémités (pieds et mains). Sa racine laisse en effet une impression chaude, avec un effet circulatoire, ce qui sera efficace lorsque l'énergie stagne et la personne manque de vigueur.

Notez que la valériane ne sera pas le bon conseil naturel quand il y a hyperactivité ou excitation nerveuse. On choisira plutôt des plantes de nature froide comme la **passiflore** (*Passiflora incarnata*), le **pavot de Californie** (*Eschscholzia californica*) ou la **verveine officinale** (*Verbena officinalis*). En revanche, chez les personnes frêles et fines, la valériane est anxiolytique et aide à résoudre les problèmes d'insomnie et de mauvais sommeil. Elle facilite l'endormissement sans créer d'accoutumance et agit comme un analgésique pour induire le sommeil chez le psoriasique qui souffre de douleurs, d'inflammations aussi bien cutanées qu'articulaires et qui l'empêchent habituellement de dormir[47].

UTILISATION

En interne :

Décoction des tiges souterraines et racine extraits secs. Peut être associé au houblon et à l'aubépine pour renforcer son action calmante.

Attention : la valériane est contre-indiquée chez les personnes souffrant de troubles du foie (quelques rares cas d'hépatotoxicité), les femmes enceintes ou allaitantes, et les enfants de moins de 12 ans.
En raison des propriétés sédatives de la valériane, il est recommandé de rester vigilant si vous prenez la route. La prise de cette plante peut augmenter le risque de somnolence de certains médicaments, voire augmenter la toxicité de certaines plantes.

LE MILLEPERTUIS *(HYPERICUM PERFORATUM)*

Une étude[44] a examiné les effets d'une pommade au millepertuis (*Hypericum perforatum*) sur des personnes souffrant de psoriasis en plaques. Dans cette étude réalisée à petite échelle, 10 individus souffrant de cette condition reçurent la pommade. La pommade fut appliquée sur une partie du corps seulement (afin de comparer ses effets à une pommade placebo), 2 fois par jour pendant une période de 4 semaines. Les effets furent mesurés au travers du score PASI, qui fut réduit d'une manière significative aux endroits où la pommade au millepertuis fut appliquée. Les facteurs suivants : érythème, desquamation, épaisseur des plaques, furent tous réduits.

Le millepertuis accélère la détoxification hépatique en augmentant l'action de certaines enzymes utilisées pour métaboliser médicaments, drogues, hormones et polluants en circulation sanguine – ce qui explique ces interactions possibles avec les médicaments allopathiques. Cette propriété lui confère le statut d'antidépresseur naturel. Paracelse le qualifie d'arnica des nerfs. Le millepertuis relaxe en effet les nerfs des hyperactifs et des hypersensibles. Il a la capacité de faire sortir les personnes de leurs états de morosité et de mélancolie chronique ou passagère. Pour le psoriasis, l'huile de millepertuis agit en tant qu'anti-inflammatoire local. Appliquée directement sur les plaques, elle apaisera les rougeurs des plaques et les démangeaisons. Elle favorisera une meilleure circulation et réduira les œdèmes de la peau inflammée.

UTILISATION :

En interne : Infusion de fleurs séchées. Teinture mère de millepertuis frais ou sec.

En externe : Macérât huileux. Belle synergie avec l'arnica. Compresses en local. Massage.

Attention : le millepertuis peut être photosensibilisant et interagir avec certains médicaments allopathiques.

PRÉPARATION DE L'HUILE ROUGE

1

Cueillir l'équivalent d'un bocal de sommités fleuries de millepertuis (ou s'en procurer en herboristerie).

2

Attendre que les fleurs soient quasiment sèches, mais pas complètement. Elles seront froissées, fripées, presque sèches, et auront perdu la quasi-totalité de leur eau.

3

Ensuite, placez la plante dans un grand bocal et recouvrez d'huile d'olive vierge.

4

Laissez macérer pendant plusieurs semaines dans un endroit qui reçoit un peu de chaleur, de la lumière mais pas directement au soleil (les UV ont la particularité de détruire beaucoup de composants actifs). L'huile finale doit être d'un beau rouge sombre comme un jus de cerise lorsqu'on la regarde dans un endroit non exposé à la lumière directe, et rouge vif comme du sang lorsqu'on la regarde sous la lumière du soleil.

5

L'huile peut être appliquée en local sur les plaques inflammatoires de psoriasis. L'huile peut être également utilisée en massage du dos, particulièrement au niveau du plexus nerveux, pour apaiser l'anxiété et le stress.

Tisanes dépuratives et anti-inflammatoires

Voici des propositions de tisanes dépuratives et anti-inflammatoires.

TISANE 1

Bardane - racine	20 g
Bouleau - feuilles ou écorce	20 g
Saule blanc - fleurs séchées	20 g
Pensée sauvage - fleurs séchées	20 g
Myrte - feuilles séchées	20 g

- 1 cuillerée à soupe de ce mélange pour 1/4 de litre d'eau froide.
- Amener à ébullition.
- Dès le premier bouillon, retirer immédiatement du feu.
- Laisser infuser 10 minutes.
- Boire 2 tasses par jour, loin des repas, chaudes.

Contre-indication chez les enfants de moins de 12 ans, les femmes enceintes ou allaitantes, les personnes ayant des troubles hépatiques, des troubles rénaux, thyroïdiens, une allergie à l'aspirine, les personnes sous anticoagulants et celles sous traitement médical contre le diabète.

Source : Secrets d'une herboriste, *Marie-Antoinette Mulot, Édition du Dauphin, 2017.*

TISANE 2

Bardane - racine	Mélange de 100 g
Curcuma - racine	
Fumeterre - partie aérienne	
Ortie - feuille	
Bleuet - pétales	
Souci des jardins – pétales	

Utilisation : une cuillère rase du mélange à infuser dans un litre d'eau bouillante, à boire pendant la journée à distance des repas, soit 20 minutes avant, soit 2 heures après.

Source : www.naturaceltica.com

TISANE 3

Ortie (*Urtica dioica*) – jeunes pousses	40 g
Matricaire (*Matricaria recutita*) – sommités fleuries	30 g
Orme rouge (*Ulmus Rubra*) – écorce	40 g
Bouillon-blanc (*Verbascum thapsus*) – fleurs séchées	30 g
Bardane (*Arctium lappa*) – racine	40 g
Pensée sauvage (*Viola tricolor*) – plante entière	30 g
Rhodiola (*Rhodiola rosea*) – rhizome	40 g

Mélange de 250 g : une cuillère rase du mélange à infuser dans un litre d'eau bouillante, à boire pendant la journée à distance des repas, soit 20 minutes avant, soit 2 heures après.

Préparation personnelle.

Les plantes adaptogènes

Les adaptogènes concernent un groupe spécifique de plantes et de champignons. S'ils sont catégorisés comme tel, c'est parce que ces plantes aident le corps humain à réagir ou à se remettre d'un stress mental ou physique.

Les plantes adaptogènes ont donc l'aptitude unique d'adapter leur fonction selon les besoins de l'organisme. Ainsi, certaines plantes revigorent l'immunité et le bien-être en général.

Dans le cas du psoriasis, elles apaiseront le stress induit, agiront directement sur les ruminations et le petit vélo mental en développant les pensées positives. Elles calmeront les angoisses et l'anxiété, l'hypersensibilité au monde et limiteront les insomnies.

Les adaptogènes augmenteront la résistance de l'organisme contre l'agression de l'affection et de l'environnement extérieur. Elles ont un effet régulateur qui soutient l'adaptabilité du corps en stimulant les organes afin qu'ils retrouvent un état d'équilibre.

Les plantes adaptogènes présentent une absence de toxicité pour l'organisme avec pas ou peu d'effets secondaires, ni de dépendance.

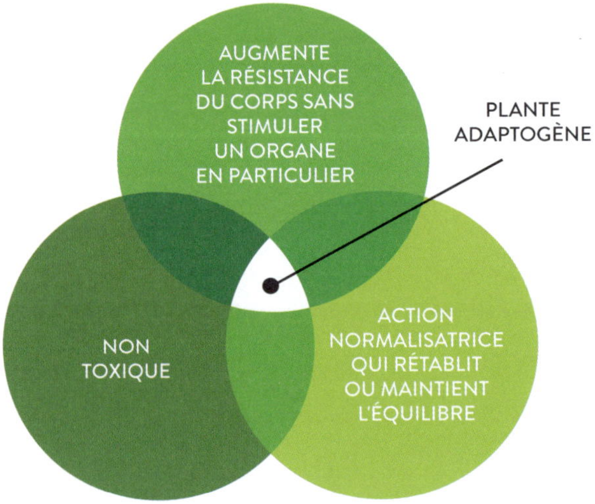

PERMETTRE DE MIEUX S'ADAPTER AU STRESS

Elles améliorent la capacité d'adaptation devant un facteur de stress et favoriseraient la résistance globale de l'organisme face à une situation stressante.

MAINTENIR L'ÉTAT D'ÉVEIL

Elles aident à se sentir plus énergique, plus endurant et améliorent l'état d'éveil.

SOUTENIR LES CAPACITÉS INTELLECTUELLES

Elles stimulent la mémoire et les fonctions cognitives, aident à la concentration et à l'apprentissage.

ENTRETENIR UN CALME ÉMOTIONNEL

Elles contribuent à la relaxation, au bien-être physique et à améliorer la gestion des émotions.

Pourquoi consommer des plantes adaptogènes ?

- Diminuer le stress en maintenant le niveau de cortisol (l'hormone du stress).
- Combattre la fatigue mentale ou physique.
- Améliorer les performances physiques (l'endurance physique et améliorer les niveaux d'énergie).
- Améliorer l'attention.
- Équilibrer les niveaux d'hormones.
- Renforcer le système immunitaire.
- Améliorer le fonctionnement des systèmes corporels tels que le système gastro-intestinal.

PLANTES ADAPTOGÈNES

GINSENG
Performance sportive, physique et mentale. Propriétés anti-inflammatoires. Meilleure récupération.

ÉLEUTHÉROCOQUE
Vertus revitalisantes et toniques. Performances physiques et intellectuelles. Concentration et mémoire.

ÉCHINACÉE
Stimule le système immunitaire. Protège les défenses naturelles de l'organisme. Antibiotique naturel.

RHODIOLE
Propriétés tonifiantes, énergisantes et relaxantes. Favorise la détente, améliore l'humeur et stimule les fonctions cognitives.

REISHI
Rééquilibre et détoxifie l'organisme. Soutient le système immunitaire.

ASHWAGANDHA
Réduit le stress et l'anxiété.
Soulage les troubles du sommeil.
Relance la thyroïde.
Renforce l'organisme.
Récupération psychique
et physique.

MACA
Propriétés stimulantes
et énergisantes. Résistance physique.
Effets positifs sur l'humeur
et la fertilité.
Effets aphrodisiaques.

BASILIC SACRÉ
Réduit l'anxiété et le stress.
Régule l'humeur.
Optimise le système
immunitaire.

CHAGA
Antioxydant, fortifiant,
antiallergique, antiviral, antiseptique,
cicatrisant, détoxifiant,
anti-inflammatoire, antitumoral,
hypoglycémiant.
Le roi des champignons.

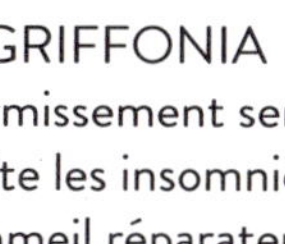

GRIFFONIA
Endormissement serein.
Limite les insomnies.
Sommeil réparateur.

TONIQUE MATINAL POUR LE SYSTÈME NERVEUX

INGRÉDIENTS

prêt en 10 mn

- 500 ml d'eau frémissante
- ¼ de tasse de feuilles de basilic sacré
- ¼ de tasse de feuilles d'ortie
- 1 c. à soupe de racine de gingembre fraîche (écrasée)
- 1 c. à soupe de poudre de racine de réglisse

Préparation : Infuser de 5 à 7 minutes les herbes dans l'eau. Filtrer et servir.

TONIQUE ÉNERGISANT AUX RACINES ÉPICÉES

INGRÉDIENTS

prêt en 15 mn

- 500 ml d'eau frémissante
- 2 c. à soupe de racine d'ashwagandha
- 2 c. à soupe de racine d'astragale (émincée)
- 1 c. à soupe de racine de gingembre fraîche (écrasée)
- 1 c. à soupe de racine de réglisse hachée
- 1 c. à thé d'écorce de cannelle (poudre)

Préparation : Laisser mijoter tous les ingrédients pendant 15 minutes (ou plus longtemps pour une boisson plus forte). Filtrer et servir.

TONIQUE IMMUNITAIRE AUX CHAMPIGNONS CALMANTS

prêt en 15 mn

INGRÉDIENTS

- 500 ml d'eau frémissante
- 3 c. à soupe de champignons reishi (émincés)
- 2 c. à soupe de champignon chaga haché (émincés)
- 1 c. à soupe de racine de réglisse (émincée)
- 1 c. à thé de vanille (liquide ou en poudre)

Préparation : Laisser mijoter tous les ingrédients pendant 20 minutes (ou plus longtemps pour une boisson plus forte). Filtrer et servir.

À noter : Vous pouvez vous procurer les champignons reishi et chaga en herboristerie.

L'AROMATOLOGIE

Le mot « aromatologie » a été créé en 1928, après les premières études sur les propriétés chimiques des huiles essentielles.

Cependant, leur utilisation est bien plus ancienne, puisque l'extraction des substances aromatiques des plantes débuta avec l'invention de la distillation au cours du Xe siècle. Les huiles essentielles hydrophobes et non grasses sont produites par expression à froid ou distillation à la vapeur d'eau d'une partie de plante (bourgeon, racine, fruit, écorce). On y retrouve alors le concentré des molécules actives du végétal : phénols, cétones, aldéhydes, terpènes... jusqu'à 250 molécules différentes dans une seule huile essentielle.

Des précautions particulières quant à leur usage seront à prendre et elles seront déconseillées sur les enfants de moins de 6 ans, les sujets asthmatiques, épileptiques, les femmes enceintes ou allaitantes, les personnes âgées.

> Certaines huiles essentielles, non dermocaustiques, vont pouvoir agir de façon locale par application cutanée. Pour cela, elles seront diluées dans des huiles végétales avant d'être appliquées. Pour une administration par voie orale, elles pourront être déposées sur du miel ou un comprimé neutre.

Les huiles végétales

Il est important de bien choisir l'huile végétale dans laquelle sera diluée la ou les huiles essentielles car ce n'est pas qu'un simple vecteur, mais un support synergique possédant des propriétés nutritives, bactéricides, anti-érythémateuses, etc.

HUILE D'AMANDE DOUCE

Inscrite à la pharmacopée française, elle est recommandée pour les épidermes fragiles, irrités, érythémateux, voire fissurés. Elle forme un film protecteur à la surface de la peau. Elle possède de la vitamine E, ainsi que des acides oléique et linoléique, qui participent à la réparation cellulaire (propriétés antioxydantes). Elle sera contre-indiquée uniquement dans le cas d'allergie aux fruits à coque (amande, noisette, noix, pistache...).

HUILE DE CALOPHYLLE

Elle est particulièrement conseillée dans le cas d'affections dermatologiques, dont le psoriasis. Riche en acides oléiques, linoléiques, palmitiques et stéariques, mais également en calaustrallines, qui permettent la cicatrisation et la réparation cutanée. La forte teneur en polyphénols participe à l'action antioxydante et cicatrisante. Les polyphénols sont également protecteurs des vaisseaux et limitent l'angiogenèse.

HUILE D'ARGAN

Cette huile est riche en acides gras insaturés. Ceux-ci se lient aux phospholipides membranaires et lui confèrent une propriété hydratante. La teneur élevée de l'huile d'argan en vitamine E est responsable de son action antioxydante. Elle est un très bon vecteur de diffusion cutanée des huiles essentielles de lavande fine et d'hélichryse italienne, recommandées en cas de psoriasis.

HUILE DE MACADAMIA

Elle convient particulièrement aux peaux sèches et fragiles. Sa forte teneur en acide palmitique (un des composants du sébum) explique sa bonne pénétration cutanée et son rôle protecteur en renforçant le film hydrolipidique.

HUILE DE JOJOBA

Elle est adaptée aux peaux sèches (elle renforce le film hydrolipidique) ou grasses (elle régule la sécrétion de sébum). Elle est également conseillée en masque capillaire. Elle est particulièrement synergique pour diluer l'huile essentielle de géranium bourbon.

HUILE DE ROSE MUSQUÉE

Comme l'huile d'amande douce, elle est riche en vitamine E et acide linoléique, protecteurs des cellules via leur action antioxydante. Également riche en vitamine A, elle améliore l'élasticité de la peau et réduit ainsi le phénomène de Köbner. Présence de rétinoïdes, dérivés de la vitamine A bien connus dans la prise en charge du psoriasis.

HUILE D'OLIVE

Obtenue par pression à froid du fruit d'*Olea europaea*, l'huile d'olive est riche en acides gras insaturés, aux propriétés hydratantes, et en squalènes, ayant des propriétés émollientes. De plus, on retrouve des antioxydants naturels comme le tocophérol (vitamine E), la chlorophylle et les polyphénols. Les stérols apportent, pour leur part, des propriétés cicatrisantes. L'huile d'olive sera donc bénéfique, appliquée localement sur les lésions psoriasiques.

HUILE DE TOURNESOL

L'huile végétale de tournesol, extraite de la graine d'*Helianthus annuus*, est riche en acides gras poly-insaturés, particulièrement en acide linoléique (oméga-6, retrouvé à 67 %), aux propriétés anti-inflammatoires, et en acides gras mono-insaturés, l'acide oléique (oméga-9), à un taux de 19,7 %. On y trouve également de la vitamine E. Or, ces trois molécules sont antioxydantes et participent à la réparation cellulaire. Les acides gras insaturés se lient aux phospholipides membranaires et sont ainsi hydratants en limitant la perte hydrique. De plus, cette huile possède des propriétés kératolytiques, et augmente ainsi l'élimination des squames, améliorant l'aspect de la lésion et facilitant l'action du traitement médical associé.

HUILE DE BOURRACHE ET HUILE D'ONAGRE

Ce sont les huiles végétales les plus riches en acide gras gamma-linolénique (24 g/100 g pour l'huile de bourrache et 8 g/100 g pour l'huile d'onagre). Ces acides gras sont les précurseurs des prostaglandines E_1 (PGE_1) au détriment des PGE_2, dont son précurseur, l'acide arachidonique, est retrouvé dans les laitages et la viande. Or les PGE_2 favorisent l'inflammation alors que les PGE_1 stimulent les lymphocytes T qui exercent alors leur fonction de police sur les lymphocytes B, en veillant à ce qu'ils n'attaquent que les corps étrangers et non ses propres tissus.

Les huiles essentielles

L'analyse par chromatographie en phase gazeuse permet d'établir le profil chimique d'une huile essentielle, et son composé majeur, responsable de l'effet thérapeutique. Pour qu'une partie de plante donnée possède toujours le même profil chimique, elle doit être chémotypée, c'est-à-dire être de la même espèce, provenir de la même région (pour avoir poussé sur un sol, avec un climat, un ensoleillement, une altitude... identiques).

HUILES ESSENTIELLES ANTI-INFLAMMATOIRES

Les molécules aromatiques contenues dans ces huiles sont capables d'exercer un contrôle négatif sur l'inflammation présente lors d'une crise de psoriasis. On retrouve les molécules dites « négativantes » car elles provoquent une perte d'électrons des tissus inflammés. C'est le cas du chamazulène (sesquiterpènes retrouvés en grande quantité dans la matricaire *Matricaria recutita*). On retrouve dans cette même fleur d'autres sesquiterpènes tel que l'alpha-bisabolol, aux propriétés anti-inflammatoires mais également apaisantes, antiprurigineuses et de régénération cellulaire. L'alpha-bisabolol, présent à 50 % dans la fleur de camomille allemande, est retrouvé à 97 % dans l'huile extraite du bois de candeia du Brésil. Les autres sesquiterpènes anti-inflammatoires sont le zingibérène du curcuma (*Curcuma longa*) et l'élémène de la myrrhe (*Commiphora molmol*).

L'avantage des sesquiterpènes est que ces molécules ne sont pas irritantes. Elles pourront être diluées dans une huile végétale et/ou, avec la plus grande précaution, être utilisées directement sur la peau. D'autres molécules ont des propriétés anti-inflammatoires mais leur caractère caustique oblige une administration par voie orale.

HUILES ESSENTIELLES CICATRISANTES

Elles possèdent des cétones ayant la capacité d'accélérer la vitesse de réparation cellulaire. Il s'agit de l'huile essentielle de ciste (*Cistus ladaniferus*), de lavande vraie *(Lavandula vera)*, de géranium Bourbon (*Pelargonium Graveolens*), d'hélichryse italienne ou corse, appelée également immortelle (*Helichrysum italicum*) et de myrrhe (*Commiphora myrrha*).

HUILES ESSENTIELLES ANXIOLYTIQUES

Certaines huiles essentielles, lorsqu'elles sont administrées par inhalation, possèdent des molécules ayant la capacité de traverser la barrière hémato-encéphalique et d'interagir avec le système nerveux central. C'est le cas du citral, de la verveine citronnée et de la mélisse officinale. On retrouve également un composé azoté, l'anthranilate de méthyle, concentré dans l'huile essentielle de mandarinier, extrait des feuilles et du zeste, mais aussi dans le jasmin à grandes fleurs, les fleurs de néroli (oranger amer), dans la bergamote et l'ylang-ylang, et le linalol de la lavande vraie (appelée également lavande officinale) et du géranium Bourbon.

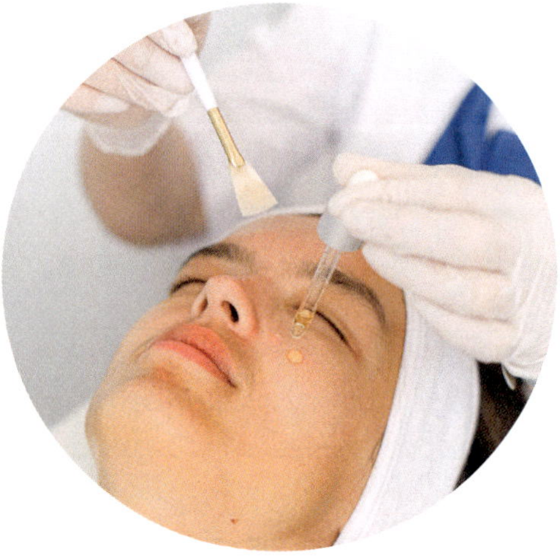

Les huiles essentielles en cas de psoriasis

NARD DE L'HIMALAYA : LE PREMIER RÉFLEXE

L'huile essentielle de nard de l'Himalaya est rare et précieuse. Sédative, elle apaise les situations de stress ou de trop-plein d'émotions. Fortement concentrée en viridiflorol, calarène et alpha-patchoulène, elle calme le rythme cardiaque et donc le rythme respiratoire. Elle tonifie et raffermit la peau et agira ainsi spécifiquement sur le psoriasis. Tonique et phlébotonique, elle facilite la circulation du sang et fortifie les parois veineuses. Anti-inflammatoire, elle permet de réguler la réponse de l'organisme à l'agression subie et de limiter les rougeurs et sensations de chaleur induites par l'inflammation, très caractéristique en cas de psoriasis.

- Régénérant cutanée ⊕⊕
- Calmant cardiaque ⊕⊕⊕
- Anti-inflammatoire ⊕

Réservée aux adultes et adolescents. Par voie cutanée, 2 gouttes de nard de l'Himalaya localement, 2 fois par jour. La voie orale est proscrite. Observer une semaine de pause après 3 semaines d'utilisation.

Pour les enfants de + de 6 ans, demander un **avis médical** avant utilisation.

GÉRANIUM ROSAT : TONIQUE ET ASTRINGENT CUTANÉ

Les propriétés toniques et astringentes cutanées du citronellol et du géraniol de l'huile essentielle de géranium rosat lui permettent de resserrer les tissus cutanés et lui confèrent une place indispensable dans les synergies spécifiques liées aux problématiques de peau. Ses propriétés anti-infectieuses (en particulier sur les infections cutanées) et anti-inflammatoires sont tout à fait recommandées dans le cas du psoriasis.

LAVANDE FINE : ANTI-INFLAMMATOIRE ET APAISANTE

L'huile essentielle de lavande fine, aux propriétés antalgiques, est incontournable dans le psoriasis pour apaiser les sensations de chaleur et l'irritation provoquées par l'inflammation de la peau. Ce sont le linalol et l'acétate de linalyle - qui représentent entre 51 % et 76 % des composants de l'huile essentielle de lavande fine – qui vont permettre de calmer la douleur. Le linalol va stimuler les récepteurs de la morphine qui contrôlent la douleur. Les enképhalines (petites protéines analgésiques synthétisées au niveau du cerveau) vont être libérées et vont inhiber la transmission du message « douleur » vers le cerveau. L'huile essentielle de lavande fine possède également des propriétés régénératrices cutanées et cicatrisantes, grâce au linalol et aux sesquiterpènes qui la composent.

TEA TREE : ANTI-INFECTIEUX ET STIMULANT IMMUNITAIRE

Dans une synergie visant à soulager un problème de peau, il est indispensable d'ajouter une huile essentielle anti-infectieuse. Dans le cas du psoriasis, une activité trop importante des lymphocytes est mise en cause. L'huile essentielle de tea tree possède des propriétés à la fois anti-infectieuses mais aussi immunomodulantes grâce au terpinène-4-ol qu'elle contient.

Le terpinène-4-ol va stimuler l'activité des globules blancs mais va limiter la production particulière des lymphocytes permettant au système immunitaire de se réguler. En limitant l'activité des lymphocytes, le tea tree diminue le psoriasis.

CAMOMILLE MATRICAIRE : CICATRISANTE

L'huile essentielle de camomille matricaire est très intéressante pour ses propriétés anti-inflammatoires et cicatrisantes puissantes. En effet, elle contient des sesquiterpènes en grande quantité (bêta-farnésène, chamazulène, trans trans alpha-farnésène) et un alcool sesquiterpénique (alpha-bisabolol).

Le chamazulène inhibe par exemple la formation des leucotriènes B_4 (molécules impliquées dans le déclenchement de l'inflammation).

De plus, l'alpha-bisabolol est connu pour être un puissant cicatrisant. Il va augmenter la réparation cellulaire en maintenant l'asepsie (milieu sans germe) et en inhibant l'inflammation, ce qui va favoriser le processus cicatriciel. De plus, il va stimuler la synthèse des kératinocytes (cellules constituant 90 % de la couche superficielle de la peau). Cette propriété est d'autant plus efficace qu'elle est couplée aux propriétés anti-inflammatoires et aux propriétés antibactériennes de l'huile essentielle de tea tree.

CAMOMILLE ROMAINE : PUISSANT ANTI-INFLAMMATOIRE

Normalement, le système immunitaire de l'organisme déclenche une inflammation pour se protéger d'un corps étranger. Or, dans le cas du psoriasis, il n'y a pas de réelle infection, il s'agit d'un dérèglement interne du système immunitaire, dont l'inflammation cutanée se traduit par des rougeurs, des œdèmes, des démangeaisons et des douleurs.

Pour limiter ces conséquences, l'huile essentielle de camomille romaine est particulièrement adaptée. En effet, elle contient quasiment en totalité des esters monoterpéniques qui vont agir sur les molécules impliquées dans le processus de l'inflammation. De plus, ce sont des molécules avec un fort pouvoir calmant et relaxant. Elles vont donc diminuer à la fois les poussées de psoriasis et les états de stress liés à la problématique.

Les synergies locales

SYNERGIE CALMANTE POUR ADULTES[49]

Dans un flacon vide, ajoutez :

Géranium rosat	5 gouttes d'huile essentielle
Lavande fine	5 gouttes d'huile essentielle
Tea tree	10 gouttes d'huile essentielle
Camomille matricaire	10 gouttes d'huile essentielle
Macérât huileux de calendula	140 gouttes (7 ml)

En application cutanée, déposez délicatement 4 à 8 gouttes de votre synergie d'huiles essentielles sur les plaques de psoriasis.
Vous pouvez renouveler l'application 2 à 3 fois par jour jusqu'à amélioration ou disparition des plaques.

OUI : Les adultes, les adolescents, les enfants de + de 3 ans.
NON : Les femmes enceintes et allaitantes, les enfants de - de 3 ans.

SYNERGIE CALMANTE POUR FEMMES ENCEINTES[49]

Dans un flacon vide, ajoutez :

Lavande fine	2 gouttes d'huile essentielle
Tea tree	2 gouttes d'huile essentielle
Camomille romaine	2 gouttes d'huile essentielle
Macérât huileux de calendula	100 gouttes

En application cutanée, déposez délicatement 2 à 8 gouttes (selon l'étendue) de votre synergie d'huiles essentielles sur les plaques de psoriasis. Vous pouvez renouveler l'application 2 à 3 fois par jour jusqu'à amélioration ou disparition complète des plaques.

OUI : Les femmes enceintes de + de 3 mois, les femmes allaitantes, les bébés de + de 3 mois.
NON : Les femmes enceintes de - de 3 mois.

SYNERGIE D'URGENCE POUR TOUS[52]

Géranium rosat	2 gouttes d'huile essentielle
Liniment oléocalcaire neutre	500 ml

Ajouter l'huile essentielle au liniment et mélangez bien : la préparation est prête et peut être utilisée pour nettoyer les zones touchées, quel que soit l'âge, aussi longtemps que nécessaire pour une bonne hygiène.

SYNERGIE APAISANTE ET ANTI-DÉMANGEAISONS[50]

Tanaisie annuelle	0,5 ml d'huile essentielle
Camomille noble	0,5 ml d'huile essentielle
Lavande fine de Provence	0,5 ml d'huile essentielle
Hélichryse italienne	0,5 ml d'huile essentielle
Myrrhe de Somalie	1 ml d'huile essentielle
Huile d'avocat	5 ml
Macérât huileux de calendula	10 ml
Huile de germe de blé	QSP 30 ml

Elle sera à appliquer en quantité généreuse sur les zones qui démangent. Pour une efficacité optimale, un drainage émonctoire au long cours peut être réalisé avec les huiles essentielles suivantes : lédon du Groenland, livèche, romarin à verbénone.

Le dosage devra être adapté par votre naturopathe ou aromatologue en fonction de la personne.

SYNERGIE ANTI-INFLAMMATOIRE ET RÉGÉNÉRANTE[51]

Camomille allemande *Matricaria recutita*	15 gouttes d'huile essentielle
Bois de rose *Aniba rosaeodora*	10 gouttes d'huile essentielle
Géranium rosat d'Égypte *Pelargonium graveolens CV Égypte*	10 gouttes d'huile essentielle
Laurier noble *Laurus nobilis*	10 gouttes d'huile essentielle
Myrrhe de Somalie *Commiphora myrrha*	15 gouttes d'huile essentielle
Bourrache ou onagre	5 ml d'huile végétale
Calendula	5 ml de macérât
Huile végétale de rose musquée	QSP 30 ml

Réaliser le mélange dans un flacon compte-gouttes de 30 ml en verre teinté. L'application se fait en local 3 à 4 fois par jour directement sur les plaques de psoriasis.

Cette synergie est **contre-indiquée** pour les femmes enceintes, allaitantes, sujets épileptiques, sujets asthmatiques.

FORMULE DE L'HUILE LAVANTE[52]

Géranium rosat	30 gouttes d'huile essentielle
Petit-grain bigarade	30 gouttes d'huile essentielle
Calophylle inophyle	40 ml d'huile végétale
Gel moussant neutre	100 ml

Mélanger l'ensemble. Utilisez ce mélange le matin et surtout le soir en massage sur un psoriasis sec (sans le gel moussant) comme en gel quotidien de lavage. Ajoutez-y 5 gouttes d'HE (huile essentielle) de camomille romaine en cas de démangeaisons.

Cette formule soulage, nourrit et évite le décapement des peaux psoriasiques grâce aux HE de géranium rosat et de petit-grain bigarade. L'HV (huile végétale) de calophylle inophyle est apaisante pour la peau et évite l'assèchement. Ce soin aide aussi à l'élimination des squames en douceur.

L'HE de petit-grain bigarade peut être remplacé par l'HE d'orange douce pour toute la famille.

Approche olfactive

Dans la gestion du stress, l'aromatologie présente un intérêt majeur par son approche olfactive. Les molécules aromatiques, via le bulbe olfactif, offrent une connexion directe avec les émotions : elles « obligent » à respirer, invitent à la détente et au lâcher-prise, favorisent un retour au calme intérieur. Les huiles essentielles de sapin géant, rose de Damas, et myrrhe de Somalie sont à retenir[51].

- **Huile essentielle de sapin géant :** tonique général, invite à la respiration et au lâcher-prise, apporte optimisme, joie et vitalité, aide à s'exprimer.
- **Huile essentielle de rose de Damas :** réconfortante, chasse les pensées négatives, soulage de l'anxiété et de la dépression.
- **Huile essentielle de myrrhe de Somalie :** réharmonisante nerveuse, calme le mental, aide à se poser.

SYNERGIE GRAND CALME INTÉRIEUR[51]

Sapin géant	10 gouttes d'huile essentielle
Rose de Damas	5 gouttes d'huile essentielle
Myrrhe de Somalie	5 gouttes d'huile essentielle

Propriétés : réharmonisante nerveuse, calmante, réconfortante.
Indication : agitation, irritabilité, stress, inquiétude, anxiété, sommeil difficile.
Respirer 4 à 5 fois de suite dès que le besoin se fait ressentir, plusieurs fois par jour.

Contre-indications chez la femme enceinte, allaitante, sujet épileptique, sujet asthmatique.

Voie orale

Certaines huiles essentielles sont préférentiellement administrées par voie orale pour éviter d'agresser une peau déjà irritée. C'est le cas des huiles essentielles avec un taux élevé de molécules aromatiques comme les phénols (retrouvés en grande quantité dans l'huile essentielle d'origan, *Thymus capitatus linnaeus*) ou les aldéhydes aromatiques (dans la cannelle, *Cinnamomum cassia*), qui sont dermocaustiques.

On prendra donc soin de les diluer dans une huile végétale à 10 % et de les encapsuler dans une gélule pour atténuer cet effet.

Ces huiles sont des immuno-régulateurs permettant de diminuer l'inflammation. Elles ne seront utilisées que sur une période de 7 à 21 jours et si une nouvelle prise doit être envisagée, on laissera une fenêtre de 7 jours. De plus, il est conseillé d'associer la prise de ces huiles essentielles avec un hépato-protecteur tel que l'huile essentielle de citron.

FORMULE DÉTOXIFICATION DE L'ORGANISME[52]

Origan compact	1 goutte d'huile essentielle
Citron	2 gouttes d'huile essentielle

Déposez les gouttes sur un support (pain, miel) et avalez matin et soir pendant 3 semaines lors d'une poussée (notamment l'hiver). La cure est à renouveler 4 fois par an (en évitant l'exposition au soleil).

Grand antiseptique intestinal, l'HE d'origan compact permet de désinfecter l'organisme : si celui-ci est plus sain de l'intérieur, la peau ne servira plus d'organe épurateur et sa qualité sera améliorée. Cette huile essentielle pouvant irriter foie et reins, il sera nécessaire de lui adjoindre une « protectrice hépatique et rénale » telle l'HE de citron.

LA PSYCHO-DERMATOLOGIE

UNE APPROCHE PSYCHO-ÉMOTIONNELLE DE LA PEAU

« *Il est à fleur de peau* », « *Je l'ai dans la peau* »... les expressions qui parlent de notre peau traduisent souvent des ressentis profonds, des émotions fortes.

Notre peau représente le contact de notre être avec notre environnement. C'est le lien extérieur avec le monde, notre système digestif étant le lien interne. Elle est notre rempart et en même temps un récepteur merveilleux. Elle réagit autant à nos états émotionnels qu'à notre environnement extérieur. La peau est perméable et imperméable. Elle est superficielle et profonde. Elle est véridique et trompeuse. Elle est le siège du bien-être et aussi de la séduction. Elle nous fournit autant en douleurs qu'en plaisirs. La peau est solide et fragile. Elle s'adapte à tous les temps, régule notre température, se tend, se détend, respire, sent, ressent, cicatrise, et se répare. Elle fait tout ça et bien plus encore.

Ainsi, notre peau est à ce point un miroir de notre santé psychologique qu'une nouvelle discipline est née pour étudier ce phénomène : la psycho-dermatologie. Pour le psoriasis comme pour l'eczéma, les états psychologiques et émotionnels sont donc des déclencheurs en accentuant un déséquilibre métabolique déjà présent. Voilà pourquoi les crises de psoriasis se manifestent souvent à un moment charnière de notre vie, pour mettre parfois longtemps à nous quitter, voire jamais, si nous décidons de ne pas y remédier.

LA PEAU, TOILE D'EXPRESSION DES NERFS

Lors de la formation embryonnaire, le feuillet constitutif de la peau, l'ectoderme, est le même que celui du système nerveux. Pas étonnant que ses perturbations se manifestent si souvent par l'intermédiaire de la peau, véritable système d'expression de notre état nerveux.

Ainsi toute forme de psoriasis et toute manifestation cutanée doivent inciter votre naturopathe, votre dermatologue, ou tout professionnel de santé qui vous accompagne, à s'intéresser à votre état psychologique et émotionnel.

> Quel message la peau souhaite transmettre ? Quelle est la cause interne de cette manifestation externe ?

L'IMPACT SUR LA QUALITÉ DE VIE

Contrairement à d'autres affections, le psoriasis est une affection visible qui capte immanquablement le regard de l'autre. Mal informé, l'entourage peut éprouver des sentiments de dégoût et croire que l'individu est sale, qu'il manque d'hygiène et est contagieux. De quoi mettre mal à l'aise celui qui en souffre. Voilà pourquoi il est nécessaire d'informer le grand public sur ce qu'est réellement le psoriasis.

Ce qui est plus grave, et cela est appuyé par des études récentes, c'est que le psoriasis devient pour certains un trouble invalidant dont l'impact sur la vie quotidienne peut être désastreux. Certains psoriasiques s'isolent pour ne plus subir le regard de l'autre, voient leur vie affective perturbée, renoncent aux pratiques sportives, refusent de se faire aider, tombent en dépression. Des enfants et adolescents font l'objet de brimades répétées. Fatigués devant une affection jugée incurable, ils se résignent à la subir et abandonnent l'idée qu'il est possible de la dominer, sinon de la vivre au quotidien de manière acceptable.

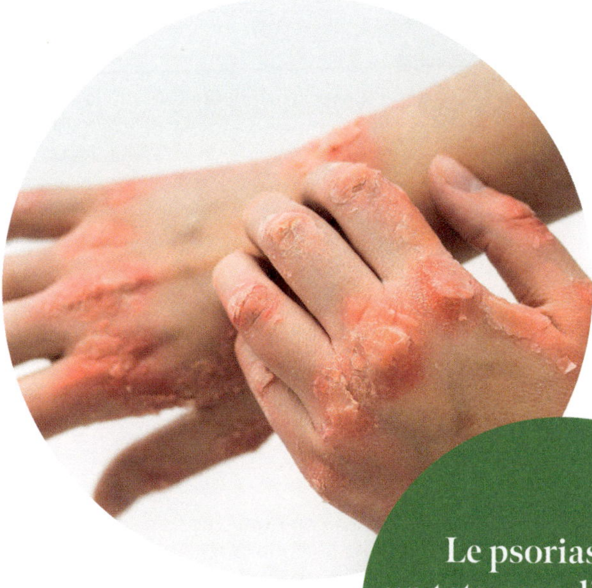

Le psoriasis est un tatouage d'émotions non exprimées, non digérées.

PSORIASIS ET BONHEUR

WORLD HAPPINESS REPORT 2017

Selon le World Happiness Report 2017 (rapport mondial sur le bonheur), le quotidien avec le psoriasis a des répercussions sur la qualité de vie et sur différents indicateurs de bien-être. De ce rapport, les experts ont tiré dix grands enseignements.

Le psoriasis a des répercussions sur le bonheur. Le psoriasis sévère est associé dans certains pays à une chute de **30 %** du niveau de bonheur. Cet effet est particulièrement marqué dans les pays nordiques, comme le Danemark ou la Norvège.

Le psoriasis affecte davantage le bonheur des femmes que celui des hommes. Le niveau de bonheur est réduit respectivement de **11,3 %** et de **18,5 %** chez les hommes et les femmes atteints par un psoriasis sévère.

Les répercussions sur le bonheur varient selon les symptômes du psoriasis : les squames entraînent une baisse de **11,7 %** sur le niveau de bonheur, contre **22 %** en cas de difficultés ambulatoires (rhumatisme psoriasique).

La baisse du niveau de bonheur varie selon la zone du corps atteinte : -7,5 % pour le cuir chevelu, **-12,9 %** pour les parties génitales.

Le stress est l'indicateur psychologique prédominant de mal-être. Le niveau moyen de stress des psoriasiques dépasse celui de la population générale dans tous les pays et **60 %** des participants affirment se sentir quotidiennement en détresse, à un degré modéré à extrême.

Le sentiment de solitude est largement répandu. En moyenne, **33 %** des personnes se sentent seuls, avec des niveaux de solitude très variables selon les pays, de 21 % au Portugal à **48 %** au Royaume-Uni.

Les différents niveaux de bien-être ressenti varient beaucoup selon les pays, sans doute en lien avec des facteurs culturels.

Mieux comprendre comment le psoriasis affecte le bien-être pourrait réduire les écarts de niveaux de bonheur. En effet, près de la moitié des personnes qui pensent que le corps médical ne comprend pas bien les répercussions du psoriasis sur leur bien-être ont un niveau de bonheur inférieur de **21 %**. À l'inverse, plus de la moitié des individus qui estiment être compris par les professionnels de santé ont un niveau de bonheur réduit de seulement **3 %.**

Jusqu'à **35,6 %** des personnes atteintes de psoriasis pourraient sortir de conditions de vie pénibles en limitant leur stress extrême.

Jusqu'à **12,9 %** des personnes atteintes de psoriasis pourraient ne plus souffrir de conditions de vie pénibles en limitant leur extrême solitude.

VARIABLES PSYCHOLOGIQUES

Tout comme l'urticaire, l'alopécie et l'acné vulgaire, le psoriasis est considéré, lui aussi, comme une dermatose à caractère psychosomatique, ce qui signifie que ses manifestations physiques peuvent avoir des racines psychologiques.

Parmi les différents facteurs pouvant influencer l'apparition et l'évolution du psoriasis, deux variables psychologiques apparaissent :

- **Les stratégies d'adaptation**, qui se réfèrent à la façon dont l'individu s'adapte aux évènements de vie ;
- **Le lieu de contrôle**, qui indique la perception de contrôle qu'a l'individu sur sa vie.

Le psoriasis peut avoir des conséquences psychologiques importantes chez la personne atteinte : troubles du sommeil, démangeaisons, douleurs, inquiétude, culpabilité face à la possibilité de transmettre l'affection (génétiquement), sentiment de honte quant à l'exposition de son corps aux yeux de tous. On remarque également chez nombre de ces personnes une fragilité dans les relations de couple, en lien avec l'image du corps et la proximité sexuelle, des contacts interpersonnels difficiles et, dans certains cas, la perspective d'une diminution des possibilités d'emploi.

Dans une étude(53), 67 % des personnes reconnaissent que le psoriasis a impacté leur vie sexuelle. Parmi les difficultés évoquées, 19 % évoquent la dégradation de l'image corporelle liée aux atteintes cutanées, 17 % les démangeaisons, 11 % la perte de confiance et 9,3 % la perte de libido. 59 % évoquent la perte de l'estime de soi, 37 % le sentiment de frustration, 20 % la dégradation de la relation de couple et 20 % ont un sentiment de culpabilité.

Un des facteurs psychologiques reconnu dans la majorité des écrits est le stress. Différents auteurs estiment qu'un stress émotionnel tel qu'une séparation, la maladie d'un proche, un échec, une mésentente familiale ou un deuil peut affecter l'émergence et le développement du psoriasis dans 40 % à 80 % des cas(9).

Une étude menée(54) sur 38 participants quant à l'effet du stress et de la structure de personnalité sur l'apparition et la sévérité du psoriasis révèle que le nombre moyen d'évènements stressants est significativement plus élevé chez les individus ayant un psoriasis sévère que chez ceux ayant un psoriasis léger. Une autre étude menée sur la réaction cutanée des personnes psoriasiques face au stress(55) affirme que dans 50 % des cas, le psoriasis est aggravé par un stress. Des stresseurs tels que la dépression, l'anxiété ainsi que des problèmes financiers ou conjugaux ont aussi été identifiés comme étant des déclencheurs de l'affection chez plus de 70 % des personnes atteintes de psoriasis(56).

Le Dr John Koo, professeur à la clinique de dermatologie de l'université de Californie à San Francisco explique que lors d'épisodes de stress, le système immunitaire s'emballe, de la lumière digestive à la peau, pouvant provoquer une crise ou une poussée de psoriasis, au travers de l'inflammation qui permettrait au corps de lutter contre le stress.

> Il paraît fondamental de chercher les causes des tensions et du stress qui habitent la personne souffrant de psoriasis : est-ce son environnement (famille, collègues, amis, travail, lieu de vie, argent, non-dits...) des mécanismes issus de traumas antérieurs, un état d'angoisse, une peur de l'avenir... ?

ADAPTATION À L'ENVIRONNEMENT

Notions de stratégies d'adaptation et de lieu de contrôle.

Selon Folkman et Lazarus (1988), ce n'est pas tant le stress que la façon dont l'individu s'adapte à celui-ci qui influence son bien-être physique et psychologique. La peau réagirait[57] non seulement en fonction du stress mais aussi en fonction des stratégies d'adaptation adoptées, dont le rôle de médiateur est majeur entre les stresseurs et l'état de santé des stressés[58]. Les stratégies d'adaptation peuvent être définies comme « l'ensemble des efforts cognitifs et comportementaux destinés à maîtriser, réduire ou tolérer les exigences internes et externes qui menacent ou dépassent les ressources de l'individu »[59]. Elles s'effectuent à partir de l'évaluation cognitive que la personne se fait de la situation : menace, perte, défi. Folkman et Lazarus (1988) ont identifié deux fonctions majeures aux stratégies d'adaptation reconnues à travers la littérature. D'abord, la régulation ou le contrôle de la tension émotionnelle induite par la situation (stratégies centrées sur l'émotion), puis la gestion du problème à l'origine de la détresse (stratégies centrées sur le problème). La première permet de modifier le sens de l'événement, d'en minimiser les conséquences et de se concentrer sur les aspects positifs de la situation. Les stratégies d'adaptation centrées sur le problème, quant à elles, sont constituées de prise de décision, de recherche d'information ou encore de résolution de problèmes.

> La question posée est : quelle stratégie d'adaptation les personnes atteintes de psoriasis utilisent-elles afin de faire face au stress ?

Peu d'études ont été menées, mais l'une d'entre elles[60] révèle que les stratégies d'adaptation le plus souvent utilisées par les personnes atteintes de psoriasis sont l'autocontrôle, ainsi que la recherche d'informations et de solutions. En conclusion, elles utilisent davantage de stratégies d'adaptation centrées sur le problème plutôt que sur l'émotion.

Le lieu de contrôle est une caractéristique personnelle façonnée par le degré de perception qu'à la personne de la relation de causalité entre ses comportements et les résultats obtenus.

Selon la théorie de l'apprentissage de Rotter (1966), c'est en vivant ses expériences que l'individu en vient à se créer une vision généralisée quant à ce qui contrôle sa vie.

Dans le cas du psoriasis, dans le premier cas, on parle de contrôle interne : l'individu croit que les résultats obtenus sont la conséquence de ses actes et qu'il est en mesure de pouvoir influencer le courant de sa vie, contrôler son affection (en appliquant par exemple de la crème tous les jours, en évitant les produits parfumés ou abrasifs, etc.).

Dans le cas du contrôle externe, l'individu a la ferme conviction que ce qui lui arrive est dû à des facteurs extérieurs telle la chance, le destin, les médecins, son entourage. Il croit que les résultats sont indépendants de ses actes et qu'il a très peu de contrôle sur sa vie. Cette personne dira que son affection est une punition, etc.

Des résultats de recherche suggèrent que ces croyances à propos des lieux de contrôle sont associées de façon significative aux comportements de l'individu face à sa santé. Ainsi, plusieurs études menées sur le lieu de contrôle en matière de santé soulignent les répercussions positives d'avoir un lieu de contrôle interne, où l'individu est susceptible de prendre ses responsabilités afin d'améliorer son état de santé.

> **Il recherche davantage d'informations à propos de son affection, des moyens pour faciliter sa rémission et opte pour des comportements préventifs (exercice physique, arrêt du tabac...).**

De plus, le contrôle interne sera mieux adapté socialement, a un meilleur mental et moral, expérimente moins de détresse émotionnelle et obtient davantage de succès dans ce qu'il entreprend.

La première chose qu'on souhaite quand on souffre du psoriasis, c'est de ne plus le voir.

L'ACCOMPAGNEMENT GÉNÉRAL

Encourager à développer une attitude positive.

Recevoir un diagnostic d'un trouble chronique comme le psoriasis peut au début envahir la vie d'une personne et la décorréler de la réalité. Elle paraît alors étourdie, préoccupée, submergée.

L'information que transmet le médecin, le pharmacien, le naturopathe ou tout professionnel de santé peut être complexe, déstabilisante, et se doit d'être assimilée par la personne qui consulte. Face au découragement que l'on peut largement entendre et comprendre, le naturopathe ou le médecin se devra d'être particulièrement attentif à encourager le développement d'une attitude positive, qui sera décisive pour le consultant, afin qu'il envisage le contrôle des poussées et visualise l'amélioration de son état de santé. Cette attitude positive consiste d'abord à exprimer librement ses ressentis : sa souffrance, ses douleurs, sa solitude, son stress, son sentiment de déception, sa fatigue... à la fois auprès du corps médical et auprès des autres professionnels de santé, mais aussi dans son cercle familial et privé.

Les leviers d'une attitude positive

APPRENDRE À BIEN SE CONNAÎTRE
Lorsqu'une poussée survient, garder confiance en soi et analyser la situation pour identifier un éventuel facteur déclenchant (alimentation, modification du mode de vie, fatigue, stress, infection, prise médicamenteuse).

EXPLIQUER
Transmettre aux proches, famille, amis le vécu et l'impact du psoriasis. Ils seront plus à même de comprendre certaines réactions et leur regard changera.

CESSER DE COURIR PARTOUT
Prendre le temps de se détendre.

GARDER ET UTILISER SON SENS DE L'HUMOUR
Faire des choses qui font rire ou sourire.

PRIORISER
les choses importantes de sa vie.

ACCEPTER DE L'AIDE

PRATIQUER DE NOUVEAUX PASSE-TEMPS
Développer de nouvelles passions.

SE QUESTIONNER SUR LES BÉNÉFICES SECONDAIRES
Ai-je un intérêt à être malade ?
Est-ce que ce psoriasis me protège d'une certaine vie ?
Suis-je dans un rôle grâce au psoriasis ?
Est-ce que je parle de « mon » psoriasis comme quelque chose qui m'appartient et me rassure ?

ÉVITER L'ISOLEMENT
et le repli sur soi.
Resté connecté à la vie.

La psychothérapie

Comme nous l'avons vu, le psychisme et les émotions sont deux facteurs non négligeables d'apparition ou d'aggravation du psoriasis. Une prise en charge psychologique fondée sur l'écoute des besoins personnels, la prise de confiance en soi, l'expression de ses émotions, permet une amélioration clinique des lésions psoriasiques.

L'identification de ses facteurs de stress permettra également de rompre le cercle vicieux dans lequel l'anxiété est responsable de crises de psoriasis, et ses lésions associées, responsables de gênes, occasionnant un stress vis-à-vis du jugement d'autrui.

L'hypnose

Il est important de différencier l'hypnose de la simple suggestion imaginative. L'hypnose est définie scientifiquement comme un état modifié de la conscience, situé entre l'éveil et le sommeil. Elle active des zones cérébrales différentes de celles activées lors d'une simple tâche mentale. Selon une étude pilote d'évaluation de l'efficacité de l'hypnose sur des patients présentant un psoriasis stable et chronique, réalisée en simple aveugle sur 3 mois, cette approche permet une amélioration significative du psoriasis, chez les sujets fortement hypnotisables. Si on ne sait toujours pas avec précision comment l'hypnose agit, les nouvelles méthodes d'imageries cérébrales tendent à accréditer son effet sur les problématiques à composantes psychiques, dont le psoriasis fait partie.

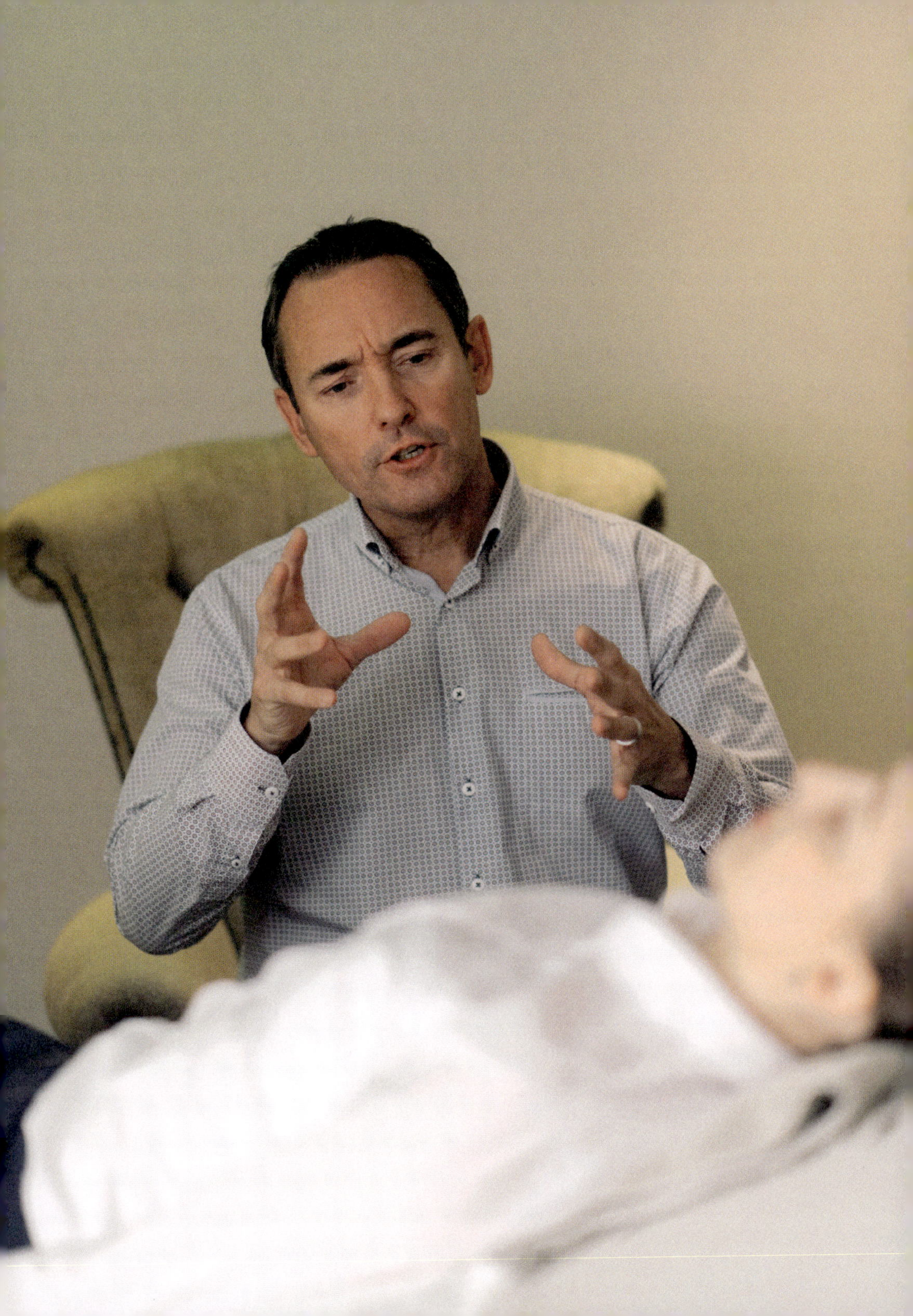

LES CONSEILS D'HYGIÈNE DE VIE

ACTIVITÉ PHYSIQUE

Une activité physique intense a plutôt des effets négatifs sur les intestins comme en témoignent les troubles digestifs des coureurs de fond. Elle entraîne en effet une hypoperfusion splanchnique, une perte de l'intégrité épithéliale et une augmentation de la perméabilité intestinale avec possibilité de translocation bactérienne et inflammation[(61)].

Une activité physique de faible à moyenne intensité mais régulière aurait en revanche des effets positifs sur le système digestif, puisqu'elle semble protéger des troubles inflammatoires digestifs[(62)].

RÉSULTATS D'ÉTUDE : PSORIASIS ET ACTIVITÉ SPORTIVE

Une étude américaine longitudinale commencée en 1991 a été menée exclusivement auprès de 86 655 femmes, âgées entre 27 ans et 44 ans et dont aucune ne souffrait de psoriasis. Au cours de l'étude, qui a duré quatorze ans, les auteurs ont recueilli des informations leur permettant d'évaluer le niveau d'activité physique de chaque participante. Au terme de l'étude, 1 026 cas de psoriasis ont été observés.

D'après ces travaux, il semble que la pratique du sport diminue le risque de psoriasis. Les femmes qui ont une activité physique jugée régu-

lière (correspondant à 120 minutes de jogging ou 3 heures de tennis ou de natation par semaine), auraient le risque le plus faible de développer un psoriasis. Pour les auteurs, cette relation peut s'expliquer par l'action positive du sport sur l'anxiété et le stress. En outre, le sport agirait sur certains facteurs de l'immunité. Bien que les conclusions ne concernent que les femmes, cette étude démontre à nouveau les bénéfices du sport pour la santé.

Concernant le microbiote intestinal, le sport pourrait aussi avoir des effets bénéfiques chez l'homme. Des chercheurs irlandais ont ainsi observé que le microbiote de rugbymen professionnels était plus diversifié que celui des sujets non sportifs(63). Bien évidemment, de multiples facteurs confondants liés au mode de vie et à l'alimentation très spécifiques de ces sportifs de haut niveau peuvent constituer des biais. Pour les limiter, une équipe canadienne a analysé le microbiote fécal de 39 sujets en bonne santé avec un âge, un IMC et un régime alimentaire similaires, mais avec des niveaux de forme physique variables (évalués par la mesure de la VO2 max). Ils ont trouvé une corrélation directe entre la diversité microbienne et le taux de VO2 max des participants. Voilà de quoi de se motiver à faire du sport !

> Pratiquer une activité physique réduit le stress, aide à mieux affronter les multiples pressions qu'implique le psoriasis, améliore la qualité de vie et dynamise l'état d'esprit.

Le bon air sera des plus bénéfiques pour relâcher la pression, évacuer le stress et se recharger grâce aux énergies positives de la nature. Le sport permet de penser à autre chose, d'éliminer les ruminations et les pensées négatives.

D'un point de vue physiologique, le sport stimule la structure interne de l'organisme, améliore la circulation, oxygène le sang, ouvre les pores, active les glandes et la lymphe, et filtre le sang par l'intermédiaire du foie et des reins. De plus, le psoriasis étant une problématique auto-immune, l'activité physique permet de renforcer les défenses immunitaires de l'organisme. Pratiquée trois à quatre fois par semaine, entre 30 minutes et 1 heure, l'organisme éliminera les toxines plus régulièrement et plus rapidement. Les étirements sont également intéressants pour relancer la circulation des énergies du corps et gagner en souplesse.

Le sport permet enfin d'éviter la surcharge pondérale, les troubles cardio-vasculaires, l'hypertension artérielle, régule la glycémie et le cholestérol.

D'un autre côté, la pratique sportive peut être l'occasion de faire face aux discriminations liées au psoriasis : pratiquer un sport, c'est souvent porter des vêtements courts, sans manche qui peuvent laisser apparaître des plaques. C'est l'occasion de se libérer du regard des autres et de leurs idées reçues, qu'il faut combattre.

La natation, la course à pied, la danse, la gym, le cardio, la marche rapide, les sports de combat, la méditation et les techniques de relaxation... Contre le psoriasis, le meilleur sport sera celui qui permettra de se défouler et de se libérer du stress !

HYDROLOGIE

BAIN DE LA MER MORTE

Selon une étude, les bains dans la mer Morte pendant quatre semaines entraînent une diminution du PASI de 81,5 %, une diminution de 78 % de l'hyperplasie des kératinocytes et une élimination presque totale des lymphocytes T de l'épiderme, avec un faible nombre restant dans le derme.

HAMMAM OU SAUNA

Le hammam, le sauna ou les fumigations sont les formes les plus anciennes de nettoyage et de stimulation de la peau. Ces conseils permettent d'ouvrir les pores de la peau et d'évacuer les toxines par les glandes sudoripares.

Il est recommandé de boire un verre de tisane de camomille (matricaire ou romaine selon le tempérament) environ une heure avant le bain de vapeur.

Pour de bons résultats, il est conseillé que la personne se rince à l'eau claire sans se savonner.

Cependant, si la peau est extrêmement à vif ou particulièrement sensible, rouge, comme ça peut être le cas dans le psoriasis exfoliant grave, la vapeur sera déconseillée. De même si la personne souffre de problèmes cardio-vasculaires, d'hypertension ou d'autres problématiques cardiaques ou rénales.

BAIN AU SEL D'EPSOM

On connaît le sel d'Epsom surtout sous le nom de sulfate de magnésium naturel. On l'obtient grâce à un prélèvement dans une roche minérale appelée dolomie. On purifie et cristallise cette roche, et c'est ainsi que l'on obtient des cristaux blancs ou de la poudre blanche commercialisés sous le nom de sel d'Epsom. On a découvert ce dernier en 1618 dans une ville anglaise dans laquelle se trouvaient des sources thermales riches en sulfate de magnésium. La ville s'appelle Epsom, d'où le nom.

Le sel d'Epsom est donc très riche en magnésium, minéral essentiel au bon fonctionnement de l'organisme humain. En effet, il participe à plus de 300 réactions métaboliques dans le corps. Or, c'est une carence très répandue dans notre société moderne, dans le sens où il a tendance à fuir aisément de l'organisme en cas de stress.

Le magnésium est un anti-fatigue puissant et booste le métabolisme.

L'intérêt de prendre des bains au sel d'Epsom réside dans la capacité d'absorption du magnésium très élevé de la peau. En cas de stress chronique vécu par le psoriasique, le bain de sel d'Epsom apportera une détente intense.

OSTÉOPATHIE

Dans la pratique holistique d'Edgar Cayce, le rôle que joue la colonne vertébrale dans le psoriasis est très important.

S'appuyant sur l'adage hippocratique « observez bien la colonne vertébrale pour déterminer la cause de la maladie », l'ensemble de cette approche est fondé sur l'affirmation que l'« on ne peut pas séparer les maladies selon tel ou tel organe car le corps humain est une unité. Aucun organe ne peut être compris autrement que dans son rapport avec les autres organes et le corps humain dans son ensemble. » Ces principes de Francis Pottenger sont les bases de la rémission du psoriasis selon l'approche holistique.

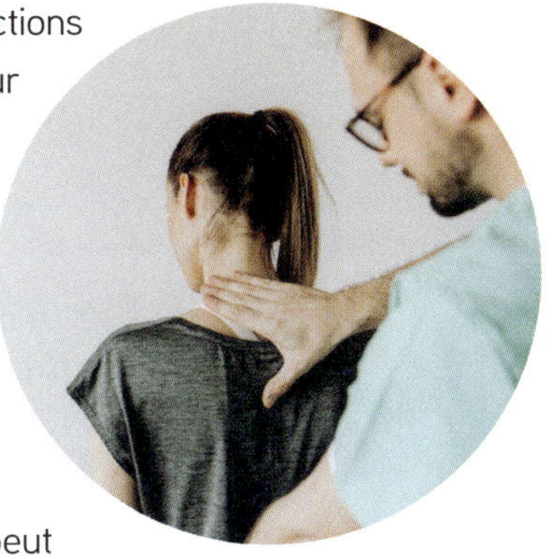

Le système nerveux commande les diverses fonctions du corps. Or le tractus gastro-intestinal supérieur est alimenté par des impulsions nerveuses provenant du milieu des vertèbres dorsales. Si la racine de ces nerfs est traumatisée (dommages directs, courbure, subluxations, mauvais alignement des vertèbres), l'énergie ne peut plus circuler normalement.

Selon Edgar Cayce, une simple subluxation peut causer le psoriasis par l'effet de pincement d'un nerf qui aurait des conséquences sur la circulation normale du sang jusqu'à la paroi intestinale. La circulation normale serait altérée, entraînant la vulnérabilité de la paroi et sa perméabilité. La chiropraxie soutient cette voie de l'origine de certains dysfonctionnements de l'organisme, provoquant douleurs ou troubles physiologiques. Les ostéopathes emploient le terme de « lésion vertébrale » pour décrire ce phénomène.

Les ajustements vertébraux ont une place importante dans le processus d'accompagnement des problématiques de peau. D'après Francis Pottenger, la peau, l'organe le plus étendu du corps, est soumise à une stimulation nerveuse car sa structure est « constituée de nerfs sympathiques qui reçoivent une innervation des segments thoraciques et des trois vertèbres lombaires supérieures ». Ainsi, de la première vertèbre dorsale à la troisième vertèbre lombaire, soit quinze segments vertébraux, il existe un rapport entre la colonne vertébrale et les structures de la peau qui s'effectue par l'intermédiaire des nerfs qui passent entre ces vertèbres.

Dans le psoriasis, les quatre zones principales à ajuster ou stimuler en ostéopathie sont la troisième cervicale, la sixième, la septième, la neuvième thoracique et la quatrième lombaire. Quelques séances peuvent suffire pour corriger l'alignement de la colonne vertébrale.

ACUPUNCTURE

Selon la tradition chinoise, les méridiens sont des canaux énergétiques parcourant le corps et apportant aux différents tissus l'énergie dont ils ont besoin.

Si ce courant rencontre un obstacle, il est responsable du mauvais fonctionnement de l'organe et il faut alors modifier le parcours pour rétablir son approvisionnement. C'est à l'aide d'aiguilles placées sur le trajet de ces méridiens que l'on rééquilibre le courant normal responsable du bon fonctionnement du corps humain. La majorité des points d'acupuncture correspondent à une terminaison nerveuse. Ainsi, lorsque l'on pique, il y a libération d'enképhalines, possédant un fort pouvoir antalgique, responsable du soulagement de la douleur. De plus, si l'on pique sur le trajet du système hypothalamo-hypophysaire, on provoque une libération de glucocorticoïdes, responsable de l'effet anti-inflammatoire, ce qui est intéressant dans le cas du psoriasis.

On peut également utiliser le trajet nerveux pour lutter contre le stress, facteur clé dans la problématique du psoriasis. De plus, selon Liu Xin Ya, docteur en médecine chinoise, un des traits de caractère du sujet psoriasique est la sensation de frustration. Cette frustration entraîne une stagnation du courant du foie responsable de la production d'une chaleur interne toxique, qui envahit les couches et se manifeste par dérivation à la surface cutanée par un psoriasis. Dans le cas d'une crise de psoriasis, il est donc recommandé de réaliser plusieurs séances d'acupuncture pour soulager les organes et relancer les énergies de l'organisme. Pour un accompagnement optimal, une séance par semaine ou tous les 15 jours est suffisante au départ, puis on espace les rendez-vous en fonction de l'amélioration obtenue. Parfois, quelques séances par an peuvent même être suffisantes.

RÉFLEXOLOGIE

En réflexologie, selon l'approche de Mireille Meunier[(64)], les signes cliniques du psoriasis traduisent une dominance yin dans l'élément métal.

Les éruptions forment des tâches plus ou moins étendues, bien délimitées, recouvertes de squames épaisses et friables. Elles restent souvent installées dans la durée : la dominance est principalement yin.

Les zones réflexes du poumon et surtout du côlon sont stimulées de manière yanguisante, en plus des zones réflexes locales, métaboliques et causales. Tous les émonctoires sont à travailler : zones réflexes des poumons, des intestins, des reins, du foie et de la vésicule biliaire, afin de vérifier s'il n'y a pas une faiblesse de l'un d'eux.

Encore une fois, le psoriasis est une problématique pour laquelle le stress joue un rôle fondamental. La personne souffrant de psoriasis a un grand besoin d'écoute, de compassion, de bienveillance. Il est donc nécessaire de prendre le temps d'écouter, informer, expliquer sa problématique et de transmettre tous les conseils possibles pour lui permettre d'améliorer sa qualité de vie. Il semble important de bien cerner le contexte hygiéno-diététique, les habitudes de vie, l'environnement social, familial, professionnel, l'ancienneté de l'affection, les antécédents, le retentissement sur la qualité de vie, la résistance du psoriasis aux différents traitements médicaux reçus, la surface cutanée atteinte, la forme du psoriasis pour savoir dans quel contexte l'accompagnement naturopathique va devoir s'inscrire.

APPROCHE D'HILDEGARDE DE BINGEN

Il y a déjà plus de 850 ans, Hildegarde de Bingen a décrit l'origine, l'évolution et l'accompagnement des problématiques de peau dans son ouvrage *Causae et Curae (Les Causes et les Remèdes).*

Elle voyait les problématiques de santé comme la conséquence d'un mode de vie, surchargé de stress et d'erreurs alimentaires, comme nous le disons aujourd'hui : « Quand l'âme de l'homme sent qu'elle est agressée, ainsi que son corps [...] elle contracte son cœur, son foie et ses vaisseaux. Une sorte de brouillard s'élève alors autour du cœur et le plonge dans l'obscurité. L'homme devient triste. Après la tristesse s'éveille la colère. Un cœur affligé par la tristesse s'enveloppe d'une fumée chaude qui se diffuse dans toutes les humeurs et finit par irriter la bile, déjà chargée de cette colère silencieuse. Si cette colère n'est pas rapidement traitée, une fumée s'étend jusqu'à la bile noire, l'agite et la recouvre d'un brouillard épais et noir. Cette colère irrite l'homme plus que tout autre trouble de son esprit. Souvent, l'homme décline par ses colères et peut contracter des problèmes de peau : ses différentes humeurs agissent contre l'autre. Le suc de la bile [bilirubine] tourbillonne dans l'homme et entre en conflit avec la bile noire [acide biliaire]. Si de telles agitations se répètent, l'homme tombe malade. S'il n'y avait pas l'amertume de la bile, ni la bile noire, l'homme resterait toujours en bonne santé. »[67]

En cas de psoriasis, le temps normal de renouvellement cellulaire de 20 jours est neuf fois plus rapide. En atteignant aussi rapidement son objectif, le noyau cellulaire ne meurt pas (comme dans une croissance normale) et la cellule ne peut se détacher facilement ou intégralement.

Ce processus rappelle la tentative d'un serpent cherchant à se débarrasser de sa vieille peau lors de la mue, sans qu'il y parvienne : il se forme alors une curieuse carapace. Le psoriasique ne peut pas se débarrasser de sa peau morte : des raisons psychiques et physiques l'en empêchent[65].

CORRESPONDANCES PHYSIOLOGIQUES

Selon Hildegarde de Bingen, la lâcheté, celui qui veut plaire à tout le monde en évitant de barrer la route aux puissants et sans se soucier des pauvres et des saints, amollit la colonne vertébrale, donne du psoriasis, de l'eczéma et de l'acné. Le processus d'amélioration des problématiques cutanées passe par le courage.

L'acerbité du cœur, l'esprit sarcastique, la rudesse et l'aigreur symbolisent les affections dites auto-agressives dues à l'excès d'acidité dans l'organisme. Dans les troubles du système nerveux, ces vices sont en connexion avec la vertèbre D2. L'acidité est également en connexion avec la rancœur et, en tant que telle, elle peut déclencher des gastrites, des ulcérations ou le cancer de l'estomac. Hildegarde de Bingen voit l'amertume sous la forme de serpents s'agitant avec véhémence. Comme on le sait, le serpent change de peau chaque année, si bien qu'on peut dire qu'il symbolise la desquamation, ainsi que les démangeaisons provoquées par l'eczéma et le psoriasis.

Hildegarde de Bingen écrit : « Je vis un immense feu noir rempli de serpents véhéments et des flammes pâles sortir de leurs bouches. Ces serpents infligeaient de vraies tortures aux gens amers. Il leur fallait souffrir et brûler à cause de leur infidélité. La flamme pâle les brûlait à cause de la soif d'intolérance qui avait été la leur au cours de leur existence terrestre. Par leur amertume ils avaient violé les commandements de Dieu. C'est pour cette raison même que les serpents leur infligeaient des tortures. » (*Le Livre des mérites de la vie*, II, 72)

DÉTOXIFICATION ET NETTOYAGE INTERNE

Il peut être proposé de commencer par le mélange fenouil des Alpes, indiqué en cas d'intestins poreux, de flore intestinale perturbée. C'est un moyen universel de « décrassage » des intestins, d'élimination des substances putrides, de « mauvais sucs » ou de champignons. Il est « plus précieux que l'or ».

La peau, comme les muqueuses gastro-intestinales, doit toujours être considérée comme un ensemble : le feuillet externe (ectoderme) et le feuillet interne (endoderme) des cellules de la peau ont la même histoire dans leur évolution. Pour une approche complète et globale de toutes les problématiques de peau, Hildegarde de Bingen estime qu'il est indispensable d'assainir les intestins, car la plupart des problèmes cutanés ont leur origine à l'intérieur du corps et plus particulièrement dans la région de l'estomac et de l'anus. Très souvent, les bactéries intestinales et leur déséquilibre sont les facteurs qui causent une défaillance immunitaire. Dans ce cas, la flore intestinale reflète parfaitement l'état d'âme avec les conflits psychiques et s'y manifeste de façon visible sur la peau.

Les ventouses sont un outil simple et utile en cas de psoriasis. Elles sont un moyen efficace de détoxification. La vascularisation locale provoquée par l'aspiration des ventouses améliore la circulation, décongestionne et favorise l'élimination des toxines. En plus de diminuer l'état inflammatoire de la peau, les ventouses relancent la circulation des énergies, équilibrent le yin et le yang, agissent sur les stagnations de froid, de feu, de vent et de sécheresse. Le protocole clé de voûte de Daniel Henry est particulièrement intéressant à pratiquer sur les points émotionnels Sian, à raison d'une séance tous les quinze jours pendant six mois, afin d'agir sur le moral et les émotions, favorisant ainsi le retour de la joie.

ALIMENTATION SELON HILDEGARDE DE BINGEN

Une alimentation équilibrée à base de grand épeautre non hybridé, de fruits et légumes ainsi que d'épices et aromates bien sélectionnés est la meilleure protection pour l'intestin et sa flore et une grande source de reminéralisation de l'organisme.

ÉPEAUTRE

Seul le grand épeautre non hybridé (*Triticum spelta L.*) bénéficie des qualités et des bienfaits décrits par Hildegarde de Bingen – le petit épeautre et le grand épeautre hybridé ne bénéficient pas des mêmes vertus.

- **Le matin :** habermus d'épeautre, café d'épeautre.
- **Le midi :** grains d'épeautre, épeautre perlé, pâtes d'épeautre, gnocchis d'épeautre, soupe à la semoule d'épeautre avec légumes, laitue avec grains d'épeautre.
- **Le soir :** pain d'épeautre, pâtés végétaux à base d'oignons, haricots, châtaignes, pois chiches, pommes ou courges.

Jusqu'à présent, sauf de très rares exceptions, il n'existe pas d'incompatibilité chez le psoriasique à consommer du grand épeautre non hybridé. Cela peut être dû au caractère modeste de la plante, qui ne nécessite pas de fertilisation particulière, ni pesticide ou insecticide, ni réducteur de tiges. Sa graine est dix fois mieux protégée que celle du blé, grâce à son enveloppe épaisse. L'épeautre contient 12 % à 20 % de protéines de grande qualité et vitales pour l'organisme. Riche en fibres, en fer, en protéines, on y trouve également tous les minéraux et oligo-éléments nécessaires à la fabri-

cation d'hormones et de neurotransmetteurs, donc au bon fonctionnement de l'organisme notamment du système nerveux (présence de tryptophane). Une supplémentation de grains d'épeautre réalisée pendant 21 jours sera appréciée pour son pouvoir exceptionnel reminéralisant de l'organisme.

FRUITS ET LÉGUMES

Les fruits et légumes « de la joie » sont à privilégier comme les pommes, les poires, les coings, les cerises, les framboises, les agrumes, les nèfles, les amandes et les châtaignes. La compote de pommes aux graines de pavot sera remarquable en cas de démangeaisons.

ÉPICES

Dans son livre *Causae et Curae*, Hildegarde de Bingen nous dit que, lorsque l'homme mange des aliments crus « qui n'ont pas été tempérés par le feu ou par quelque autre condiment, ils ne peuvent être facilement digérés dans l'estomac parce qu'ils n'ont pas été tempérés auparavant ». Il est donc très clair que la vertu des condiments et des épices est de tempérer, d'amoindrir, voire de supprimer les mauvaises humeurs contenues dans certains aliments, notamment lorsqu'ils sont crus. Leur rôle est de maintenir notre force vitale et d'équilibrer nos humeurs pour une santé toujours au rendez-vous. « Quand le corps et l'âme fonctionnent en parfaite harmonie, ils reçoivent la récompense suprême de la joie et de la santé. »[(67)]

LE GALANGA *(ALPINIA GALANGA)*

Le galanga est intéressant dans le cas du psoriasis, car il a des propriétés anti-inflammatoires. De plus, il est digestif, réchauffe et tonifie.

LA RACINE DE PYRÈTHRE D'AFRIQUE *(ANACYCLUS PYRETHRUM)*

Le pyrèthre d'Afrique diminue les substances putrides présentes dans l'organisme et produit un sang de qualité. Il assure une bonne digestion, renforce le système immunitaire, nettoie le corps de ses toxines, stimule l'absorption du calcium et contribue à lutter contre l'anémie. « Il redonne des forces même aux plus faibles. Il assure une bonne digestion et ne laisse rien sortir du corps qui ne soit digéré. » Extrait de *Physica*, XVIII.

Le pyrèthre contient notamment de l'inuline, un excellent prébiotique qui nourrit les bonnes bactéries de la flore intestinale.

On le trouve dans les boutiques spécialisées dans la vente de produits hildegardiens.

L'HYSOPE *(HYSSOPUS OFFICINALIS L.)*

L'hysope est particulièrement intéressante. C'est une plante du foie, qu'elle purifie, et du poumon. N'oublions pas que chez Hildegarde de Bingen, ces deux organes sont liés. L'hysope assainit toutes les humeurs de l'organisme, le sang et la lymphe en particulier. Elle agit contre la tristesse, la détresse profonde et la dépression que peut provoquer le psoriasis. Le poulet à l'hysope est recommandé en cas de mélancolie.

LE CERFEUIL *(ANTHRISCUS CEREFOLIUM (L.))*

Hildegarde de Bingen lui attribue des vertus résolutives et vulnéraires. Le cerfeuil soulage efficacement des affections cutanées comme le psoriasis et agit sur le retardement de l'apparition des rides. Dans l'assiette, il s'apprécie cru sur les salades, les omelettes et soupes pour conserver toutes ses propriétés.

LE THYM *(THYMUS VULGARIS)*

En cas de crise de psoriasis, c'est un grand nettoyant intestinal. Il a également une action particulièrement intéressante sur l'ensemble du système respiratoire : il calme les états inflammatoires, relance la vitalité des poumons (qui sont en lien avec la peau). Il est un puissant stimulant et tonique du système nerveux : il accompagne les états d'anxiété, apaise les angoisses, les peurs, redonne de l'énergie intellectuelle, relance les surrénales et tous les organes de l'immunité.

LE PSYLLIUM BRUN *(PLANTAGO AFRA)*

Grand ami des intestins, le psyllium brun est une graine non assimilée par l'organisme. Il agit de façon mécanique grâce à ses fibres mucilagineuses qui retiennent l'eau des aliments et adoucissent la muqueuse intestinale, particulièrement poreuse chez les psoriasiques. Ces fibres se transforment en gel dans les intestins, ce qui augmente et améliore la consistance des selles, et favorise un transit régulier. Il permet enfin d'évacuer les matières fécales stagnantes sans accumulation de substances toxiques.

LA SARRIETTE CRUE *(SATUREJA HORTENSIS)*

« Celui qui est triste, la sarriette le rendra joyeux[66]. » Riche en antioxydants et en minéraux comme le calcium, le fer ou le magnésium, la sarriette permet d'équilibrer la flore intestinale. Elle est également efficace contre le stress et la fatigue, mais aussi la tristesse car elle est excellente pour retrouver la forme, tant physique qu'intellectuelle.

LE VINAIGRE DE VIN

Il évacue « la pourriture de l'homme, il diminue en lui les mauvaises humeurs et la nourriture passe en lui par une voie droite[66] ». Non seulement le vinaigre de vin aide à la digestion, mais il purifie et assainit notre organisme, notamment les veines et les artères. On sait également qu'il possède un effet basifiant (alcalinisant) et aide à lutter contre les terrains inflammatoires, comme c'est le cas dans le psoriasis.

APPLICATIONS LOCALES

LOTION OU CATAPLASME DE GRAINES DE LIN *(LINUM USITATISSIMUM)*

Aide à la cicatrisation. Appliquer directement sur la peau et laisser poser pendant 30 minutes.

CATAPLASME DE FEUILLES DE MÛRIER *(MORUS ALBA L.)*

Particulièrement indiquées en cas de psoriasis suintant, les feuilles de mûrier sont riches en flavonoïdes et permettent d'apaiser l'inflammation et les douleurs cutanées.

HUILE À LA ROSE *(ROSA)*

Apaise les démangeaisons des plaques de psoriasis, mais aussi des peaux sensibles. Masser 1 à 3 fois par jour.

CRÈME À L'ACHILLÉE MILLEFEUILLE *(ACHILLEA MILLEFOLIUM)*

Aide à la cicatrisation.

SAVON AU LAIT DE CHÈVRE

Il est reconnu pour soulager les peaux fragiles, sensibles et allergiques, mais aussi les peaux à problèmes comme le psoriasis. Hildegarde de Bingen lui prêtait des vertus exceptionnelles.

EN CAS DE GRAND STRESS

- Le **mélange à la racine d'Iris*** pourra être intégré dans une soupe à la farine d'épeautre ou dans un habermus. C'est une recette universelle pour tous les **problèmes psychologiques et nerveux**.
- Si le psoriasis entraîne un état de **stress** important et une faiblesse nerveuse, la **tisane fenouil-balsamite*** apportera gaîté et bonne humeur. Elle sera bue à raison d'un litre par jour.
- En cas de **déséquilibre émotionnel**, le **sauna à la châtaigne** ou à **l'avoine** apportera une grande détente nerveuse tout en fortifiant les nerfs. C'est une réponse idéale pour apaiser la douleur des **rhumatismes psoriasiques**.
- Le **vin trempé** apaisera les états de **tristesse passagère** et les **coups de colère** car il neutralise la bile noire avant qu'elle n'envahisse les organes.
- Parmi les autres conseils, il sera utile d'échanger avec la personne souffrant de psoriasis au sujet de l'importance du **sommeil** et de l'**équilibre veille-sommeil**.
- Le naturopathe pourra encourager la personne à prendre des temps de **méditation**, à **équilibrer ses émotions** avec les forces positives ou à pratiquer la **cohérence cardiaque**.
- Le naturopathe pourra également sensibiliser sur le **stress quotidien** provenant des médias et inciter à limiter les réseaux sociaux, la télévision, les mauvaises nouvelles et favoriser l'attitude positive.

* Se trouvent en boutiques spécialisées en produits Hildegarde de Bingen.

LES PIERRES

LE CRISTAL DE ROCHE placé sur le plexus solaire, une fois la pierre chauffée, apaise les émotions envahissantes.

LA SARDONYX harmonise les cinq sens. Elle est conseillée en cas de fragilité nerveuse et de tendance à la nervosité. Pierre à porter.

L'ONYX est particulièrement recommandé pour les états de tristesse et les états dépressifs liés à la souffrance psychologique engendrée par le psoriasis. Pierre à porter en collier ou en bague.

LA CALCÉDOINE agira sur la tristesse, les idées noires, le manque de confiance en soi, l'irritabilité de l'humeur, les colères et la mauvaise gestion du stress. Pierre à porter sur soi en collier ou bracelet.

Le psoriasis s'ancre et s'encre dans nos pensées non exprimées.

Et chaque jour, alors que
je m'éloigne de ma vie et de ma joie,
quelques plaques de psoriasis
apparaissent.

TÉMOIGNAGE PERSONNEL

Je vous raconte ici mon histoire, celle qui m'a fait devenir naturopathe et qui m'accompagne chaque jour pour aider les personnes qui souffrent de cette affection. J'ai écrit le texte reproduit ci-dessous sur mon compte Instagram : claireetlanaturopathie. Aujourd'hui, je dédie l'ensemble de mes activités sur les réseaux sociaux à lever les tabous de cette affection. Cette affection qui m'a tant fait souffrir, mais qui m'a aussi paradoxalement ouvert la voie de ma santé et m'a rendu plus alignée avec moi-même.

Novembre 2016. Alors que j'occupe un poste de responsable communication dans un grand groupe, je sens que je perds les pédales. En plus d'un boulot de fou, et de mon corps qui est de plus en plus mou, je perds mon grand-père adoré. Je me retrouve sans force et sans émotions, alors que je devrais être submergée. Et chaque jour, alors que je m'éloigne de ma vie et de ma joie, quelques plaques de psoriasis apparaissent. J'adapte mes vêtements, moi qui suis coquette, mais au bout de 10 jours, je suis obligée de mettre des cols roulés, de lâcher mes cheveux pour que mes collègues ne puissent pas voir les plaques de psoriasis qui envahissent presque tout mon corps, jusqu'à en recouvrir mon visage.

Décembre 2016. Je me lève en pleurant, aller au travail me paraît une montagne. Mais j'y vais, comme un robot, je me persuade que ça va passer. Mon corps est recouvert à 90 % de plaques de psoriasis purulentes, qui m'empêchent de dormir tellement ça me démange.

Je ne comprends pas pourquoi mon corps me fait ça. Il m'énerve.

Je finis par aller voir mon médecin qui m'envoie chez le dermatologue et faire une prise de sang.

Le diagnostic tombe un 23 décembre : j'ai atteint un stade sévère avancé de psoriasis, qui doit être traité rapidement avec des séances de PUVA-thérapie (irradiation du corps par des rayons ultraviolets) à raison de 3 fois par semaine, et des crèmes à base de cortisone. Le dermatologue, qui me voit dans un état de burn-out avancé, me demande d'arrêter de stresser. Je recommence à pleurer.

Mon traitement commence le lendemain pour 3 mois intensifs. On ne me demande pas mon avis, je n'ose pas poser de questions. Je signe une décharge qui stipule que ce traitement m'expose à des risques sérieux de cancer de la peau...

Je suis en arrêt maladie. Ma vie s'arrête. Je suis dans un état de dépression intense. Mes semaines sont uniquement rythmées par mes séances de PUVA-thérapie, mes rendez-vous chez le dermato et chez le médecin. Je décide de quitter mon boulot. Je démissionne en m'excusant, alors que j'aurais eu mille raisons de critiquer le management pressurisé du groupe. Sur le moment, je ne m'en rends même pas compte, tellement mes émotions sont comme un ouragan qui me prend en étau.

3 mois se passent. Je bronze sous les rayons ultraviolets qui font leur effet. Les plaques de psoriasis disparaissent, les crèmes corrosives semblent efficaces. J'ai l'impression de me reconnecter à la vie.

J'effectue ma dernière séance d'UV. Quelques plaques persistent, mais pour moi, ce n'est tellement rien. Je respire, je remercie la dermato, qui me fait une ultime ordonnance de cortisone, et je rentre chez moi.

3 jours. 3 jours, c'est le temps que les plaques mettent à revenir à vitesse grand V. Mon corps se remplit à nouveau à 90 % de psoriasis. Je le vois m'envahir avec panique. Mon corps est tout simplement en feu. Ma peau rose est rouge sang. Mon visage n'a plus de traits. Tout est boursouflures.

Je me regarde nue devant la glace. Mon corps est méconnaissable, m'impressionne et me dégoûte. Je ne fais que pleurer en me demandant pourquoi moi ? Pourquoi mon corps me lâche à nouveau ? Qui est cette étrangère que je ne connais pas et qui a pris possession de mon corps ? Ma souffrance physique et mon désespoir sont à leur paroxysme.

Je ne dors plus, tellement ma peau démange. Je me gratte jusqu'au sang. Et pourtant, je continue à mettre religieusement mes crèmes à la cortisone. Aveuglement.

Je m'enduis comme on enduit un mur. Je fais ça bien. Et rien ne change, je crois bien que c'est même pire.

> Un matin, en regardant mon petit garçon, je décide de tout arrêter. Ça ne rime à rien toutes ces crèmes. J'arrête. Je suis en colère.

Je dis stop, j'ai l'impression qu'on m'a prise pour un cobaye. Qu'on me manipule comme un vulgaire pantin. Pourquoi les plaques continuent d'évoluer avec autant de traitements soi-disant efficaces ?

J'ai un petit éclair de lucidité qui sera le premier d'une longue série.

> Et si le problème était plus profond ?
> Plus complexe ?
> Et si je pouvais trouver une issue toute seule ?

Évidemment en arrêtant tous les traitements allopathiques, je savais que ça allait flamber à fond, mais je m'étais tellement questionnée intérieurement sur la cause de ce trouble, que j'étais prête à affronter la douleur, l'angoisse de l'envahissement, la peur que ça reste pour toujours. Enfin prête, non pas à m'affronter moi, mais à me regarder en face et plonger à l'intérieur de moi-même pour voir ce qui n'allait pas. À partir en exploration vers mon être véritable, sans faux-semblants, sans image. À la recherche simplement de ma vérité intérieure.

J'étais prête à comprendre pourquoi j'avais perdu cet équilibre sensible qu'est la santé, et surtout explorer les failles, les recoins qui avaient trop longtemps été sous couverts...

Je me suis intéressée aux travaux du docteur Pagano, médecin américain qui a consacré sa vie à étudier les psoriasiques. Il met en lumière le lien entre porosité intestinale et problèmes de peau. Il explique également l'encrassement des organes d'élimination que sont le foie et les reins, et qu'il faut détoxifier car la dérivation de ces émonctoires se fait finalement par la peau.

Voici l'ensemble du **protocole**, que j'ai réalisé à la lettre et que je vous détaille action par action :

- Arrêt complet des **solanacées** (tomates, poivrons, aubergines, piment, paprika...).
- Arrêt complet de la **viande rouge** et des **produits laitiers**.
- Arrêt du **gluten**, de l'**alcool**, des **produits industriels et transformés**.
- Prise de **tisanes** : camomille, orme rouge...
- **Ostéopathie** : manipulation et réajustement de la colonne vertébrale en lien avec le bon fonctionnement des organes, en particulier des viscères abdominaux.
- Reprise du **sport**.
- **Hypnothérapie** avec une femme formidable, Marie-Pierre Gour, qui m'a aidée à descendre un certain nombre d'escaliers pour aller à la découverte de mon histoire familiale.

Le chemin a été long, très long, musclé même. J'ai dû tout remettre en cause, tout requestionner mais au mois de **juillet 2017**, soit 4 mois après avoir fait ce fameux protocole, ma peau a fini par s'apaiser.

La photo que vous pouvez voir ci-dessous a été prise en **août 2017**. On voit que les plaques sont devenues blanches, la peau va mieux et mon âme aussi. Je n'ai jamais fait depuis de crise comme celle que j'ai vécue, mais je sais que ma santé est fragile et que mon corps m'envoie des signaux par le biais de ma peau.

Je ne suis jamais retournée chez le dermatologue qui m'avait dit d'arrêter de stresser.

Je suis la preuve que la naturopathie a une place de choix à prendre dans notre société. Tellement de troubles et de souffrances pourraient être évités ou soulagés si nous allions chercher les causes et mettre en place ce qu'il faut pour retrouver notre force vitale.

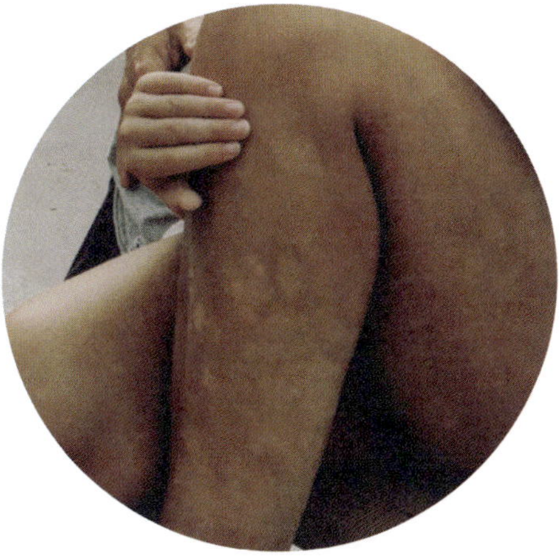

CONCLUSION

La diversité des formes cliniques du psoriasis, ainsi que la complexité de sa physiopathologie – qui implique plusieurs mécanismes (inflammation, auto-immunité, angiogenèse…) et ses nombreuses molécules associées –, rendent cette problématique particulièrement compliquée à comprendre et à accompagner.

Le but de la naturopathie est d'abord de s'inscrire dans une amélioration de la qualité de vie de la personne avec différents choix de techniques naturelles qui permettent d'avancer dans ce sens.

Profitant d'un contact direct et d'une confiance dans l'échange, le naturopathe doit être à l'écoute des difficultés physiques et morales rencontrées par la personne et partager en transparence ses conseils pratiques ainsi que ses connaissances sur les accompagnements disponibles : aromatologie, phytologie, hydrologie, remise en mouvement, nutrition, micronutrition, ostéopathie…

Le psoriasis est une affection pour laquelle le stress joue un rôle fondamental, car il enferme, isole et culpabilise. N'oublions pas que le psoriasis est une problématique de « peau-prison ». La personne souffrant de psoriasis a un grand besoin d'écoute, de compassion, de bienveillance. Il est donc nécessaire de prendre le temps d'écouter, d'informer, d'expliquer et de délivrer tous les conseils associés pour lui permettre d'améliorer sa qualité de vie.

Il est par ailleurs essentiel que chaque personne souffrant de psoriasis comprenne le mécanisme d'action de sa dermatose, qui doit être expliqué avec des mots simples. Ceci afin qu'elle soit acteur ou actrice de sa santé. Ne dit-on pas que la santé ne vient pas *à* soi, elle vient *de* soi ?

Enfin, de par mon expérience personnelle et naturopathique, j'encourage les personnes psoriasiques que j'accompagne à ne pas dire « mon psoriasis » mais « le psoriasis ».

Il est majeur, voire essentiel, que chacun puisse se détacher du bénéfice secondaire de l'affection, de prendre de la distance vis-à-vis d'elle afin de laisser l'espace nécessaire au lancement du processus d'auto-rémission.

Avec tout mon amour et ma bienveillance à l'égard des personnes qui souffrent de ce trouble, je leur dédie cet ouvrage.

Comment garder la santé

Rechercher toutes les occasions de satisfaction, de joie, de valorisation

Voir sa vie comme une création personnelle et s'efforcer de la rendre positive.

S'aimer et aimer les autres

Faire de l'amour la base et l'expression essentielle de sa vie.

Se libérer de toutes émotions négatives

Rancœur, envie, peur, tristesse, colère. Exprimer franchement ses sentiments, ne pas s'y cramponner, se pardonner.

Se traiter avec respect et affection

Être à l'écoute de ses besoins à tous niveaux. Prendre soin de soi-même, bien se nourrir, s'encourager dans tous les domaines.

Nouer des relations gaies, affectueuses et franches

Permettant l'expression et la satisfaction du besoin d'intimité et de sécurité. S'efforcer de travailler les blessures des relations passées avec sa mère, son père, ses anciennes liaisons.

Garder à l'esprit des images et buts positifs

Penser à ce que l'on veut vraiment dans la vie. Quand les images effrayantes se présentent, les remplacer par des images de paix et de joie.

S'accepter, voir dans toutes les circonstances de la vie des occasions d'apprendre et de s'épanouir

Être reconnaissant, se pardonner chaque fois que l'on fait des erreurs, voir ce que l'on peut en tirer de positif et passer à autre chose.

S'impliquer dans sa santé et croire à la possibilité d'une santé parfaite

Mettre au point son propre programme de santé en s'appuyant sur l'aide et les conseils d'experts.

SOURCES ET BIBLIOGRAPHIE

SOURCES PARTIE 1

Sources de la partie Introduction > Chiffres clés : resopso.fr ; association France psoriasis ; *Psoriasis : traitements et conseils à l'officine.* Thèse de Youness Dehayni, 2021 ; Étude France Psoriasis, rapport avril 2022 IFPA Santé mentale ; « Le Psoriasis : évolution et révolution », Louis Dubertret, Médecine / Sciences, 2006, 22:164-71 ; Sondage Opinion Way pour France Psoriasis, réalisé les 15 et 16 juillet 2013 sur un échantillon de 1002 personnes représentatif de la population française âgée de 18 ans et plus ; Vidal ; Armstrong A, Jarvis S, Boehncke WH, et al., « *Patient perceptions of clear/almost clear skin in moderate-to-severe plaque psoriasis: results of the Clear About Psoriasis worldwide survey* », J Eur Acad Dermatol Venereol. 2018;32(12):2200-2207. doi:10.1111/jdv.15065.

SOURCES PARTIE 2

(1) *Microbiote : La revue des microbiotes*, n° 7, mars 2017.

(2) Scher JU, et al. : *Decreased bacterial diversity characterizes the altered gut microbiota in patients with psoriatic arthritis, resembling dysbiosis in inflammatory bowel disease.* Arthritis Rheumatol. 2015;67:128-39.

(3) Eppinga H., et al. : *Similar Depletion of Protective Faecalibacterium prausnitzii in Psoriasis and Inflammatory Bowel Disease, but not in Hidradenitis Suppurativa.* J Crohns Colitis. 2016;10:1067-75.

(4) Zákostelská Z., et al. : *Intestinal Microbiota Promotes Psoriasis-Like Skin Inflammation by Enhancing Th17 Response.* PLoS One. 2016;11:e0159539.

(5) Cook M.D., et al. : *Forced treadmill exercise training exacerbates inflammation and causes mortality while voluntary wheel training is protective in a mouse model of colitis.* Brain Behav Immun. 2013;33:46-56.

(6) Van Wijck K., et al. : *Physiology and pathophysiology of splanch- nic hypoperfusion and intestinal injury during exercise: strategies for evaluation and prevention.* AJP Gastrointest Liver Physiol. 2012;303:G155-G168.

(7) Clarke S.F., et al. : *Exercise and associated dietary extremes impact on gut microbial diversity.* Gut. 2014;63:1913-20.

(8) Biocodex Microbiota Institute.

(9) Parsy A. : *Le Psoriasis : Les nouveautés physiopathologiques et les différentes stratégies thérapeutiques* ; Th. D. : Pharmacie : Lorraine, hal-01731715, 2015.

(10) Parsy A. : *Le Psoriasis : Les nouveautés physiopathologiques et les différentes stratégies thérapeutiques* ; Th. D. : Pharmacie : Lorraine, hal-01731715, 2015.

(11) Masson JL. : *L'Homéopathie de A à Z*, éditions Marabout, 2003.

(12) Binet C. : *L'Homéopathie pratique*, éditions Dangles, 9e édition, 1972.

(13) Pinto R. : *Conseil en homéopathie*, éditions Le Moniteur des pharmaciens, 3e édition, 2014.

(14) « *Dietary Behaviors in Psoriasis: Patient-Reported Outcomes from a U.S. National Survey* », *Dermatology and Therapy*, 19 mai 2017.

(15) Étude norvégienne baptisée HUNT, menée en plusieurs étapes : HUNT 1 entre 1984 et 1986 ; HUNT 2 entre 1995 et 1997 ; HUNT 3 entre 2006 et 2008. Au total, les données recueillies sur 33734 personnes sans psoriasis au début de l'étude (âge moyen : 47 ans, 55 % de femmes) ont été prises en compte avec un suivi sur une période de 13 ans.

(16) Snekvik, I. et al. : « *Obesity, Waist Circumference, Weight Change, and Risk of Incident Psoriasis: Prospective Data from the HUNT Study.* » 2017, *Journal of Investigative Dermatology*, 137(12):2484-2490.

(17) Carnauba R.A., Baptistella A.B., Paschoal V., Hübscher G.H. : « *Diet-Induced Low-Grade Metabolic Acidosis and Clinical Outcomes: A Review.* » *Nutrients*, 2017;9(6):538, 25 mai 2017.

(18) Best C. et Taylor N. : *The Living Body*, Henry Holt and Company, 1938.

(19) *Nutrition and psoriasis: is there any association between the severity of the disease and adherence to the Mediterranean diet?* Barrea L J Transl Med. 2015 Jan 27;13:18.

(20) *Energy-restricted, n-3 polyunsaturated fatty acids-rich diet improves the clinical response to immuno-modulating drugs in obese patients with plaque-type psoriasis : a randomised control clinical trial.* Guida B Clin Nutr, 2014 Jun ; 33(3) : 399-405.

(21) *Metabolic syndrome and its components in patients with psoriasis.* Springerplus. 2014 Oct 17;3:612.

(22) *Metabolic syndrome in psoriasis patients. Residual inflammation and pro-inflammatory IL17 signaling reduce length of remission. A follow-up study.* Br J Dermatol. 2015 Jul 4. doi: 10.1111 Coimbra S.

(23) *Diet and Psoriasis: Part I. Impact of weight loss interventions.* Maya Debbaneh J Am Acad Dermatol. 2014 July ; 71(1) :133-140.

(24) *Effect of weight loss on the severity of psoriasis : a randomized clinical study.* Jensen P JAMA Dermatol 2013 Jul ;149(7) :795-801.

(25) *Diet-induced weight loss, exercise, and chronic inflammation in older, obese adults : a randomized controlled clinical trial.* Nicklas BJ Am J Clin Nutr ; 2004 ; 79:544-51.

(26) *Management of moderate to severe psoriasis in patients with metabolic comorbidities*, Front Med 2015 Jan 21;2:1.

(27) *Effect of lifestyle weight loss intervention on disease severity in patients with psoriasis : a systematic review and meta-analysis.* Upala S Int J Obes 2015 Aug ; 39(8):1197-202.

(28) *Association between coeliac disease and psoriasis: Italian primary care multicentre study*, De Bastiani R. Dermatology 2015 ;230(2) :156-60.

(29) *Gluten-free diet as a therapeutic approach in psoriasic patients : if yes, when.* D'Erme AM, G Ital Dermatol Venereol 2015 Jun ; 150(3) : 317-20.

(30) *Cutaneous Manifestations of Non-Celiac Gluten Sensitivity : Clinical, Histological and Immunopathological Features*, Bonciolini V Nutrients 2015 Sep 15;7:7798-805.

(31) *The association of psoriasis with autoimmune diseases.* Wu JJ. J Am Acad Dermatol.2012.

(32) Finamor D.C., Sinigaglia-Coimbra R., Neves L.C., Gutierrez M., Silva J.J., Torres L.D., Surano F., Neto D.J., Novo N.F., Juliano Y., Lopes A.C., Coimbra C.G. : *A pilot study assessing the effect of prolonged administration of high daily doses of vitamin D on the clinical course of vitiligo and psoriasis.* Dermatoendocrinol. 2013 Jan 1;5(1):222-34. doi: 10.4161/derm.24808. PMID: 24494059; PMCID: PMC3897595.

(33) Kokcam I., Naziroglu M. : *Antioxydants and lipid peroxydase status in the blood of patients with psoriasis.* Clin Chim Acta 1999 Nov ; 289 (1-2) : 23-31.

(34) Nazıroğlu M., Yıldız K., Tamtürk B., Erturan İ., Flores-Arce M. : *Selenium and psoriasis.* Biol Trace Elem Res. 2012 Dec;150(1-3):3-9. doi: 10.1007/s12011-012-9479-5. Epub 2012 Jul 24. PMID: 22821504.

(35) Brown A.C., Hairfield M., Richards D.G., McMillin D.L., Mein E.A., Nelson C.D. : *Medical nutrition therapy as a potential complementary treatment for psoriasis – five case reports.* Altern Med Rev. 2004 Sep;9(3):297-307. PMID: 15387720.

(36) Traub M. et Marshall K. : *Psoriasis – Physiopathologie, conventionnelle et alternative - Approches de traitement.*

SOURCES PARTIE 3

(37) Desbordes T. : « Psoriasis : prise en charge par les traitements alternatifs; conseil à l'officine », *Sciences pharmaceutiques*, 2018, dumas-01764299.

(38) *Précis de phytothérapie : le meilleur de la nature au service de votre santé*, éditions Alpen, 2nd semestre 2010.

(39) www.altheaprovence.com/mucilages/

(40) www.snfge.org/content/psoriasis-et-fibrose-hepatique-association-au

(41) www.vidal.fr/parapharmacie/phytotherapie-plantes/chardon-marie-silybum-marianum.html

(42) fr.wikipedia.org/wiki/Théorie_des_signatures

(43) www.youtube.com/watch?v=6QnBiocRG3c

(44) Étude publiée dans la revue *Australasian Journal of Dermatology* en mai 2012 + www.altheaprovence.com/psoriasis-pommade-millepertuis/#more-1920

(45) www.altheaprovence.com/camomille-matricaire-matricaria-recutita

(46) www.altheaprovence.com/?s=pensée+-sauvage

(47) www.altheaprovence.com/?s=valériane

(48) infusemagazine.ca/lecon-de-vitalite-petit-guide-sur-les-plantes-adaptogenes-et-leurs-bienfaits-sur-notre-sante-globale

(49) www.compagnie-des-sens.fr/psoriasis-huiles-essentielles

(50) Synergie proposée par Lilian Ceballos pendant ma formation de phyto-aromatologue à l'Institut Hildegardien.

(51) Maillard A. : www.aude-maillard.fr/soulager-le-psoriasis-avec-les-huiles-essentielles

(52) Couac-Marinier F. : *Les Huiles essentielles : le guide complet pour traiter les maux au quotidien*, Éditions Solar, 2021.

(53) Étude réalisée en ligne par l'association France Psoriasis de mai à juin 2020 sur un échantillon de 1409 patients atteints de psoriasis, dont 61,5 % de femmes et 2/3 en couple.

(54) L'Abadie, Kent & Gawkrodger, 1994 ; Arnetz, Fjellner, Eneroth & Kallner, 1985 ; Farber et al., 1968 ; Fava, Perini, Santonastaso & Fornasa, 1980 ; Seville, 1977.

(55) Gupta, Gupta, Ellis & Voorhees, 1990 ; Shanon, 1979 ; Zachariae, Oster, Bjerring & Kragballe, 1996.

(56) Farber & Nall, 1993 ; Harvima et al., 1993.

(57) D'après Arnetz, Fjellner, Eneroth et Kallner (1991).

(58) Endler & Parker, 1990 ; Folkman, Lazarus, Dunkel-Schetler, DeLongis & Gruen, 1986 ; McCrae, 1984.

(59) Bruchon-Schweitzer & Dantzer, 1994, p. 100.

(60) Étude menée par Taylor et Coen Buckwalter (1988).

(61) Miossec P., Kolls J.K. : *Targeting IL-17 and TH17 cells in chronic inflammation.* Nat.Rev. Drug. Discov., octobre 2012, 11(10),763-76.

(62) Krueger J.G. : *Hiding under the skin: A welcome surprise in psoriasis.* Nat. Med., 2012 Dec., 18(12), 1750-1.

(63) Gupta, Gupta, Ellis & Voorhees, 1990 ; Shanon, 1979 ; Zachariae, Oster, Bjerring & Kragballe, 1996.

(64) Meunier M. : *L'Énergétique chinoise appliquée à la réflexologie plantaire*, éditions Guy Trédaniel, 2012.

(65) Dr Wighard Strehlow : *Soigner les problèmes de peau selon Hildegarde de Bingen*, Éditions du Rocher, 2021.

(66) Dr Wighard Strehlow : *Guérir par l'alimentation selon Hildegarde de Bingen*, Éditions du Rocher, 2019.

(67) Hildegarde de Bingen, *Les Causes et les Remèdes*, Jérôme Millon, 2015.

CRÉDITS

Photos : Nathan McBride, Unsplash (p. 8) ; Nicollazzi Xiong (p. 12) ; Mor Shani, Unsplash (p. 13) ; Freepik (p. 17, 18, 25) ; Liza Summer, Pexels (p. 21, 23) ; Tese, cleanpng.com (p. 26) ; Creative Commons (p. 29, 33), Creative Commons, Wellcome Collection (p. 31) ; Creative Commons, Jean-Paul Marat par Elisabeth Czapek (p. 33), Alex Green, Pexels (p. 46) ; Mart Production, Pexels (p. 49) ; psoriasis en plaques : Eszter Miller, Pixabay (p. 51) ; psoriasis en gouttes : Creative Commons (p. 51) ; psoriasis pustuleux et érythrodermique : Mohammad2018, Creative Commons (p. 52) ; psoriasis de l'enfant : Gzzz, Creative Commons (p. 53) ; psoriasis palmo-plantaire : Freepik (p. 55) ; Creative Commons (p. 60) ; Cytokine : www.scientificanimations.com (p. 62) ; lymphocyte T : NIAID, Creative Commons (p. 64) ; Ian Furst, Creative Commons (p. 64) ; Katemangostar, Freepik (p. 65) ; Eszter Miller, Pixabay (p. 71) ; Anna Shvets, Pexels (p. 73) ; Chokniti Khongchum, Pexels (p. 74) ; Timon Studler (p. 75) ; Cottonbro, Pexels (p. 78, haut) ; Pixabay, Pexels (p. 78, bas) ; Armin Rimoldi, Pexels (p. 79, haut) ; Daoudi Aissa, Unsplash (p. 79, au centre) ; Pixabay, Pexels (p. 79, bas) ; Anthony Tran, Unsplash (p. 80, haut) ; Mikail Duran, Unsplash (p. 80, bas) ; Chokniti Khongchum, Pexels (p. 81) ; Anna Shvets, Pexels (p. 86) ; Freepik (p. 89) ; PublicDomainPictures, Pixabay (p. 92) ; Anna Nekrashevich, Pexels (p. 94) ; Polina Tankilevitch, Pexels (p. 103) ; Thirdman, Pexels, (p. 104) ; RFstudio, Pexels (p. 108) ; Shvets Production (p. 110) ; Freepik (p. 114) ; Laura Paredis, Pexels (p. 121) ; d'après Dr Jérôme Milovanoff (p. 123) ; d'après *La Revue des microbiotes*, n° 17, p. 5, mars 2017 (p. 127) ; Shutterbug75, Pixabay (p. 143) ; Andres Ayrton, Pexels (p. 144) ; Cottonbro, Pexels (p. 145) ; Pixabay, Pexels (p. 146) ; Lisa Fotios, Pexels (p. 149) ; Joana, Pexels (p. 151) ; Ella Olsson, Pexels (p. 156) ; Polina Tankilevitch, Pexels (p. 157, 159) ; Min An, Pexels (p. 161) ; Klaus Nielsen, Pexels (p. 164, haut) ; Karolina Grabowska, Pexels (p. 164, bas) ; Daria Shevtsova, Pexels (p. 165) ; Alex Favali, Pexels (p. 166, haut) ; Trang Doan, Pexels (p. 166, bas) ; Geraud Pfeiffer, Pexels (p. 167) ; Huy Phan, Pexels (p. 168) ; Pixabay, Pexels (p. 169) ; Daria Shevtsova, Pexels (p. 170) ; Pixabay, Pexels (p. 172) ; Maria Orlova, Pexels (p. 173) ; Malidate Van, Pexels (p. 174) ; RitaE, Pixabay (p. 175, haut) ; Ksenia Chernaya, Pexels (p. 175, bas) ; Polina Tankilevitch, Pexels (p. 176) ; Lumn, Pexels (p. 177) ; Alesia Kozik, Pexels (p. 181) ; Pixabay, Pexels (p. 184, haut) ; Anna Tukhfatullina, Pexels (p. 184, bas) ; Pixabay, Pexels (p. 185) ; Charlotte May, Pexels (p. 187) ; Eva Bronzini, Pexels (p. 188) ; Pixabay, Pexels (p. 190) ; Elina Sazonova, Pexels (p. 191) ; YasDO, Pixabay (p. 195) ; Anna Tukhfatullina, Pexels (p. 200) ; Burdock, Pexels (p. 203) ; Arthouse Studio, Pexels (p. 206) ; Creative Commons (p. 207-230) ; Hans, Pixabay (p. 2017) ; Alisa Tsvetova, Pexels (p. 239) ; Pnw Production, Pexels (p. 241) ; Pixabay, Pexels (p. 242) ; Anna Shvets, Pexels (p. 244) ; Karolina Grabowska, Pexels (p. 245) ; Anna Shvets, Pexels (p. 246) ; Mareefe, Pexels (p. 253) ; Yan Krukov, Pexels (p. 254) ; Mikhail Nilov, Pexels (p. 257) ; Angela Roma, Pexels (p. 259) ; Freepik (p. 261) ; Ketut Subiyanto, Pexels (p. 264) ; Guillaume Meurice, Pexels (p. 267) ; Creative Commons (p. 268), Karolina Grabowska, Pexels (p. 270) ; Mark Williams, Unsplash (p. 271) ; Tobias Rademacher, Unsplash (p. 275) ; Andrea Piacquadio, Pexels (p. 277) ; Brooke Lewis, Pexels (p. 278) ; Karolina Grabowska, Pexels (p. 281) ; Creative Commons (p. 288) ; Karolina Grabowska, Pexels (p. 289, haut) ; Kim Van Vuuren, Pexels (p. 289, au centre) ; Creative Commons (p. 289, bas, p. 290, haut et au centre) ; Kokokara, Pexels (p. 290, en bas) ; Karolina Grabowska, Pexels (p. 291, en haut) ; Creative Commons (p. 291, au centre et en bas) ; Los Muertos Crew, Pexels (p. 295) ; Claire Cavelier (p. 301) ; Ryutaro Tsukata (p. 303) ; Pixabay, Pexels (p. 307) ; Ali Hassan, Pexels (p. 309). Toutes les illustrations non mentionnées : conception et réalisation © Stéphane Ellias, © Éditions IH.

TABLE DES MATIÈRES

ADRESSES UTILES

Pour plus de renseignements sur l'auteur, l'approche d'Hildegarde de Bingen, les praticiens spécialisés sur le sujet et les revendeurs de produits hildegardiens.

Cabinet de naturopathie Claire Cavelier

6 bis, avenue Louis-Barthou, 35000 Rennes
06 72 07 01 56 · claire.cavelier1@gmail.com
Instagram : claireetlanaturopathie
www.naturopathierennes.com

L'Institut Hildegardien

www.institut-hildegardien.com
02 97 62 85 81

Premier centre francophone spécialisé dans l'approche d'Hildegarde de Bingen, l'Institut Hildegardien dispense des formations de naturopathie reconnues comme parmi les plus sérieuses et les plus complètes de France. L'Institut Hildegardien a également une boutique (en ligne sur son site Internet et physique, près de Vannes, en Bretagne) proposant tout ce qui permet d'introduire les enseignements d'Hildegarde dans son quotidien : pierres, livres, coffrets, produits alimentaires...

L'Annuaire Hildegarde

www.annuairehildegarde.com

Premier annuaire francophone des professionnels spécialisés Hildegarde de Bingen. Pour trouver les produits recommandés, pour participer à un atelier de cuisine, pour suivre l'actualité francophone et internationale...

ÉGALEMENT PARU AUX ÉDITIONS IH

Collection 100 % Naturo

Une collection de livres de naturopathie grand public proposant des ouvrages clairs, pratiques et complets. Ils portent sur des thématiques fortes et sont écrits par des professionnels spécialistes du sujet.

Les débutants trouveront toutes les informations nécessaires pour aborder le sujet tandis que les confirmés pourront approfondir leurs connaissances sur la thématique. Des ouvrages pédagogiques, au graphisme doux offrant une lecture simple et accessible.

Une approche 100 % naturelle, 100 % méthodes douces, 100 % bienveillante !

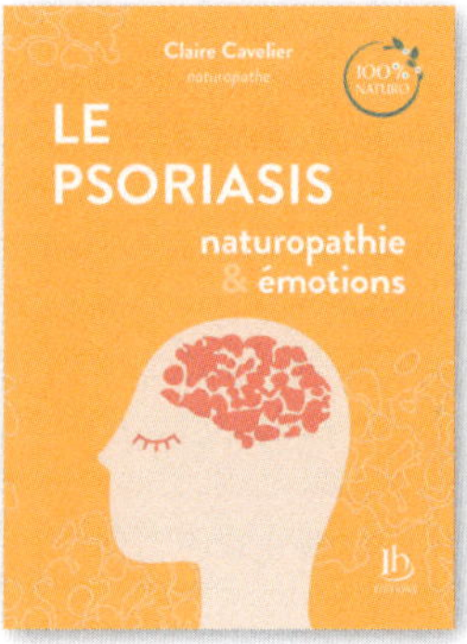

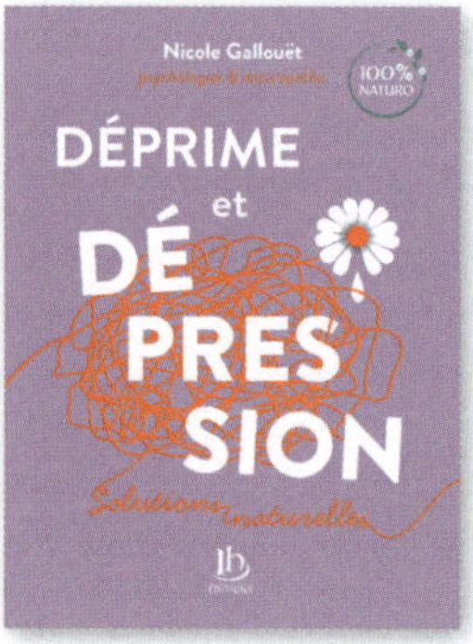

Retrouvez toutes nos publications sur
www.editionsih.com

Inscrivez-vous à notre newsletter
pour être informé de nos nouveautés,
des webinaires gratuits que nous organisons
et des autres événements auxquels nous participons.

Collection Naturo-Zoom

Néophyte ou connaisseur en naturopathie classique, la collection Naturo-Zoom propose un focus sur un élément de naturopathie traditionnelle et offre un panorama complet et pratique de son utilisation bien-être. Des petits livres à petit prix pour tout savoir en un rien de temps, même si on est débutant !

Collection Hildegarde pour tous

Une collection grand public de livres pratiques dédiés aux enseignements d'Hildegarde de Bingen, abbesse du Moyen-Âge considérée comme la mère de la naturopathie en Europe. Ces livres au format semi-poche, imprimés en couleurs et richement illustrés, offrent un regard contemporain sur les enseignements bien-être d'Hildegarde de Bingen. Naturopathie holistique, alimentation et méthodes naturelles vous attendent dans ces ouvrages clairs, simples et conviviaux.